U0947866

光耀中华　国家荣誉

致敬光华工程科技成就奖获得者

光华工程科技奖励基金会

人民交通出版社股份有限公司
China Communications Press Co.,Ltd.

图书在版编目（CIP）数据

光耀中华　国家荣誉：致敬光华工程科技成就奖获得者 / 光华工程科技奖励基金会编 . — 北京：人民交通出版社股份有限公司，2019.9

ISBN 978-7-114-15804-9

Ⅰ. ①光…　Ⅱ. ①光…　Ⅲ. ①科学工作者—生平事迹—中国—现代　Ⅳ. ①K826.1

中国版本图书馆 CIP 数据核字（2019）第 189165 号

光耀中华　国家荣誉

致敬光华工程科技成就奖获得者

Guangyao Zhonghua　Guojia Rongyu

Zhijing Guanghua Gongcheng Keji Chengjiujiang Huodezhe

著 作 者：光华工程科技奖励基金会
出版策划：董庆九　刘洪海
文字统筹：陈　彬　曾嶷静
责任编辑：孙　玺　王　丹
责任校对：赵媛媛
责任印制：张　凯
出版发行：人民交通出版社股份有限公司
地　　址：（100011）北京市朝阳区安定门外外馆斜街3号
网　　址：http：//www.ccpress.com.cn
销售电话：（010）59757973
总 经 销：人民交通出版社股份有限公司发行部
经　　销：各地新华书店
排　　版：北京楚泰文化传播有限公司
印　　刷：北京盛通印刷股份有限公司

字　　数：158千　　开　　本：787×1092　1/16　　印　　张：14.5
版　　次：2019年9月　第1版
印　　次：2019年9月　第1次印刷
书　　号：ISBN 978-7-114-15804-9
定　　价：70.00元

SINCERE THANKS
真诚感谢

光华工程科技奖励基金会 **独家授权**

国家经济安全研究院 **大力支持**

众望置业 **倾情推广**

·光华工程科技奖·
Guanghua Engineering Science And Technology Prize

INTRODUCTORY
序

扬强国之工程科技　敬高德之工程大师

谢克昌

光华工程科技奖励基金会理事长

由中国工程院发起设立的光华工程科技奖是中国社会力量设立的中国工程科技界的一项重要奖项。自1996年首届颁发以来，已有不同工程学科的264位工程科技专家获此殊荣。为庆祝中华人民共和国成立70周年，又值该奖励基金会新一届理事会组成之际，由基金会理事会编撰的《光耀中华　国家荣誉》一书，将由人民交通出版社股份有限公司付梓。该书以图文并茂的形式，将获得“光华工程科技成就奖”的张光斗、师昌绪、朱光亚、潘家铮、钱正英、钟南山、徐匡迪七位在国际上享有盛名的中国工程科技界泰斗，冠以“光耀中华　国家荣誉”，向全社会展示他们对工程科技的杰出贡献，彰显中国工程科技的卓越成就。他们“宁谢纷华甘淡泊，潜心为中华”，他们“深学佩冠积厚德，大道传后人”。他们是名副其实的工程科技大师，他们是我国千百万工程师的优秀代表。拜读他们的自述，理解他们的成就，可以使读者得到深刻的启迪，获得巨大的能量，从而激励中国工程科技人员的士气，催生中国工程科技成果的涌现，巩固工程科技是中国和世界可持续发展支撑的共识。

工程科技改变了昨日世界，提升着今日世界，也必将创造未来世界。溯五千年史迹，四大发明、天工开物、神农尝草、筑拱桥拓运河、淘滩修堰铸长城……沐九万里春风，两弹一星、探月载人、杂交水稻、核电站、特高压、5G网络、青蒿素……国粹家珍难胜数，宏图大业创繁荣。工程科技不但直接改善人类衣食住行的物质需求，扩展人类的消费领域，而且为人类认识自然、探索自然、改造社会、创造未来提供新手段、产生新动力。正是因为工程科技的极端重要性，党中央、国务院不失时机地专门设立了中国工程院。中国工程院虽然从成立至今只有25年，但是在朱光亚、宋健、徐匡迪、周济等老院长们“不负国家重托，推动中国工程科技发展”，“发展工程技术，当代中国首务”，“继往开来，任重道远”的指引下，通过“守正扬清建设队伍、顶天立地战略咨询、创新驱动科技服务、攻坚克难学术引领、开放共赢国际合作”，已成为工程科技杰出人才和领军人物的荟萃之地。800多位院士分布在机械运载、信息电子、化工冶金材料、能源矿业 、土木水利建筑、环境轻纺、农业、医药卫生、工程管理九大学部。他们的身后是浩荡的科技队伍，九大学部所支撑的是强大的实体产业。正是这支大军和实体产业，为中国乃至世界提供越来越精美的物品和越来越优良的服务。

正因为工程科技之举足轻重和为之卓越奉献者的众望所归，23年来“光华工程科技奖”的评审始终严格按照规定程序，坚持整个评奖过程公开、公正与公平。评审结果在社会上具有很高的认可度和美誉度，参与者主动积极、欢欣踊跃；获奖者云集响应、当之无愧。每两年一次的评审已经成为工程科技界的一件盛事，当然也就成为社会各界的关注话题。在这里，我谨代表光华工程科技奖励基金会理事会，衷心感谢为设立“光华工程科技奖”运筹帷幄并最早捐款的中国工程院首任院长朱光亚院士，衷心感谢为“光华工程科技奖”慷慨捐资的台湾实业家尹衍樑、杜俊元、陈由豪先生。早在20世纪90年代，4位先生就高瞻远瞩，率先发起这一具有崇高评价、激励先进、鞭策后进的社会奖项，其境界、其胸怀、其功德令我们敬之、佩之、尊之。6年前，我作为中国工程院副院长前往台湾，专门拜访了心仪多年的尹衍樑先生，与先生把茗请益、共语移日，时感唐风扑面、谦卑无私。作为一位进入中国工程院大家庭已16年的普通院士，一直将7位“光华工程科技成就奖”获奖者奉为楷模，“智山慧海传真火，愿随前薪作后薪”。

江河滔滔，山岳巍巍。揽天下工程，法大师风范，求开拓创新，事民族振兴！

是为序。

Guanghua Engineering Science And Technology Prize

光华工程科技奖

“光华工程科技奖”是由第九届全国政协副主席朱光亚和台湾实业家尹衍樑、杜俊元、陈由豪四位捐赠人捐资设立，经国家科技奖励办公室批准，由光华工程科技奖励基金会管理的奖项。该奖旨在对工程科技及管理领域取得突出成绩和重要贡献的中国工程师、科学家给予奖励，激励他们从事工程科技研究、发展、应用的积极性和创造性。

光华工程科技奖是工程科技界的一项重要奖项，包括“光华工程科技成就奖”和“光华工程科技奖”两个奖项，每两年颁发一次。本奖于1996年首届颁发，迄今已评选12届，共有机械、运载、信息、电子、化工、冶金、材料、能源、矿业、土木、水利、建筑、环境、轻纺、农业、医药、卫生、工程管理等十几个不同工程学科的264位科学家获奖。

光华工程科技奖 捐赠人

朱光亚

尹衍樑

杜俊元

陈由豪

CONTENTS

目录

CONTENTS
目录

张光斗

Zhang Guangdou

2002年

光华工程科技成就奖

张光斗

（1912.05.01—2013.06.21）

水利水电工程专家。江苏省常熟市人。1955年当选中国科学院院士，1994年当选为中国工程院院士。

张光斗1934年毕业于上海交通大学，1936年、1937年相继获美国加利福尼亚大学、哈佛大学硕士学位。1937年回国。曾任清华大学副校长、国务院学位委员会副主任，中科院、水电部水利水电科学研究院院长等职。在水利水电工程教育、科研等方面做出了突出的、系统的、创造性的贡献，编写了《水工建筑物》等三部学术著作；负责设计密云水库、渔子溪等水电站；参加了黄河和长江水利工程规划设计工作；为葛洲坝、丹江口、三门峡、小浪底、二滩、三峡、龙滩等多座大型水利水电工程提供技术指导。

张光斗曾获美国加利福尼亚大学伯克利分校“哈兹国际奖”、国家科技进步二等奖、高校优秀教学成果一等奖、何梁何利基金科技与技术进步奖、中国水利学会功勋奖等多项国际国内荣誉奖励。当选墨西哥国家工程院外籍院士。

张光斗（左）与朱光亚亲切交谈

鹧鸪天 * 致敬张光斗

一生与水共沧桑，锁浪筑堤遍九疆。
腹拱模新防巨震，坝肩岩稳抗压强。
三门险，葛洲长，慧测神州走万江。
未诩世人称泰斗，惟思华夏耀天光。

中国工程院的职能、任务

一、推动我国工程科学技术水平的提高。

二、对重大工程科学技术决策、规划、计划等提供咨询。

三、讨论工程科学技术重大问题，对工程科学技术发展提出建议。

四、开展工程科学技术的国内外学术交流。

总之，中国工程院以工程科学技术为主要任务。

张光斗

1999年7月24日

自述

深学积厚德 潜心为中华

回顾我走过的人生道路，感到人要有点儿精神，必须有坚定的爱国主义、为人民服务、振兴国家的精神。必须艰苦奋斗，还要抓住机遇，在人生过程中作出正确的抉择。

1912年5月，我生于江苏省常熟县鹿苑镇的一个贫寒家庭。父亲是福山镇海关的小职员，靠微薄薪金供养我母亲和四个儿子。我在本镇晋安完全小学毕业时，大哥当了小学教师，二哥、三哥当了商店学徒，都有收入。因我读书成绩好，全家决定节衣缩食送我升学。1924年，我到上海考取了乙商职校和交通大学附小。考虑到将来当工程师出路好、待遇高，全家决定送我上交大附小。我感到家中供我上学不易，所以刻苦用功，成绩优良。家中虽经济困难，但欲罢不能，终于供我读完了大学，我很感激家庭。

在鹿苑上小学时，为了反对“二十一条”卖国条约，我参加了示威游行，抵制日货。到上海上学时，我又参加了“五卅惨案”等示威游行，反对帝国主义。“九 · 一八事变”后，我参加了学生抗日救国运动，曾两次去南京请愿抗日，并被国民党军警殴打。在青少年时期，我看到帝国主义侵略，军阀内战不息，国家有亡国的危险，这也激发了我的爱国热情。大学期间，顾德欢同学鉴于国民党的腐败和帝国主义的侵略，动员我学习《资本论》，参加革命斗争，但我的家庭观念深，觉悟不高，于是便选择了“工业救国”的道路。这当然是无效的，我迄今愧疚。

1934 年，我考取了清华公费留美生，学习水利工程。出国前，我到全国各水利机构和工地实习时，眼前国家贫穷、人民生活困苦的景象，激发了我建设国家，为人民服务的思想。1935 年，我去美国加州大学学习灌溉工程，并获得了硕士学位。1936 年，为了加强科学理论基础，我到美国哈佛大学，师从威斯托茄特教授学习工程力学，同样获得了硕士学位。导师鼓励我攻读博士学位，并给予我丰厚的奖学金。然而“七七事变”后，我的爱国心切，便辞谢导师的挽留，弃学回国，参加抗战工作。对于这一抉择，我迄今无悔。

1937 年冬，我先到资源委员会龙溪河水电工程处工作，后又来到襄渡河水电工程处，修建水电站，供电给兵工厂。这些虽是小型水电站，但工作条件很困难，生活艰苦。然而，能为抗战做些工作，我的心情是舒畅的。为了抗战胜利后，进行大型水电站建设，1943 年，我被资源委员会派往美国坦河流域局和垦务局当实习工程师，学习设计、施工。在此期间，我在工地向工人学习了施工技术，并深感理论必须联系实际，工程师必须与工人结合。

1943 年，在美国方吞那大坝工地上，我遇到了过去在美国垦务局实习时认识的国际大坝权威萨凡奇博士。他说 1944 年将去印度考察大坝工程。我请他去我国帮助水电建设。他表示，如中国政府邀请，他愿意去。我向资源委员会报告后，国民政府发出了邀请，萨凡奇应邀来中国考察水电建设。他回美国后函告我，他去了三峡，认为水电地址优越，美国政府答应贷款给中国，帮助建设三峡工程，并已商定由美国垦务局帮助设计三峡工程。

这出乎我意料，因为我原意请他来华，考察的是正在进行勘测设计的一些大中型水电站，没想到结果还搞了超大型的三峡工程。

1945 年，资源委员会命我回国参加三峡工程的勘测规划工作。我三次上书资委会领导，建议不要搞三峡工程，因工程过大，难以实现。即使建成，也无力用其巨量的电能。更严重的是，美国一旦掌握了三峡工程，将可能控制我国经济，这将有损国权。然而，我的三封信都遭到了驳斥。出于无奈，我只能回国，在全国水电总处参加三峡工程工作。

此后，国民政府战败，三峡工程工作被迫停止，对此我深感庆幸。这件事是由于我建议邀请萨凡奇博士引起的，虽非我本意，但仍然感到内疚。所幸的是，在这一段时间，水电总处勘测了许多水电地址，收集了大量资料，并兴建了上硐和古田溪两个水电站，为今后水电建设做了准备。

1949 年，国民政府逃往台湾，全国即将解放。水电总处总工程师、美国人柯登拉我去美国，说可以代办去美的手续和机票，全家去美。我告以作为中国人，应在中国工作，辞谢了。在台湾的几位同学要我去台，并已代我找好了工作和住房。我答以此前没有听顾德欢的劝告，现在共产党来了，我不走了。资委会电业处通知水电总处把档案和水电资料装箱送资委会，转运台湾。我掌管水电资料，因已决定等待解放，便在地下党的领导下，把假资料装箱送资委会，把真资料转入地下，在解放后交给共产党。这一抉择，我做对了。

1949 年 10 月 1 日，新中国成立了。因水电建设尚未发展，我请假到清华大学任教，从此便在学校工作。这又是很好的抉择。我参与创建了水工建筑专业，创立了水工结构和水电站学科体系，开讲了水工结构课，编写了水工教材，出版了水工专著，主持水工和结构实验室建设，进行课程设计、生产实习、真刀真枪的毕业设计等教学环节，培养了大量水利水电科技人才。同时，我参与了黄河、长江和其他河流上许多水利水电工程的建设。

有机会全力为水利水电工程教学和建设工作，向同事、学生、工人和实践学习，能为国家和人民做工作，我深感庆幸。同时我也认识到，个人的力量是有限的，必须在共产党的领导下，依靠集体才能有所作为。我热爱水利水电教学和建设工作，决心学到老，工作到老，改造到老。

我负责设计密云水库、渔子溪水电站和人民胜利渠渠首工程，参加葛洲坝工程等设计，有所创新。我促进三峡工程建设，认为已做了大量勘测、规划、设计工作，防洪、发电、航运等经济和社会效益显著，科学技术问题基本上得到解决。库区人民生活艰苦，开发性移民后，生产和生活条件将得到改善。当然，要重视生态环境保护等，使不利影响减至最少。为此，我积极建议三峡工程早日兴建。以上这些工作都是对国家和人民有益的。

但是对于黄河三门峡工程，我一向主张泄洪冲沙，防止水库淤积，坚持要保留导流廊道畅通。但后来却参加了导流廊道的封堵，造成了水库淤积，危及关中平原，以致必须重新打开导流廊道，增建冲沙泄洪隧洞，减少水电装机容量。对此我深感内疚。看来要坚持正确意见还是很不容易的。

我国洪涝灾害严重，同时水资源紧缺，水能资源没有充分利用，内河航运也待进一步开发。水利建设为经济建设的基础，我上书党中央，建议把水利作为经济建设的战略重点之一，宜未雨绸缪，毋临渴掘井。中央领导采纳了我的建议，决定把水利作为基础产业，重点发展。但要做到真正落实，尚需努力。

“科教兴国”是基本国策，对此我坚决拥护。为此经济建设必须依靠科教，对引进技术和设备要进行消化、吸收、创新，同时抓紧进行研究、开发、中间试验，双路并进，发展生产力。科教工作必须面向经济建设，为经济建设培养人才，出科技成果。这是党中央的方针。但目前两者结合得不密切，我竭力呼吁贯彻党中央“科教兴国”的国策，需要全社会努力。

回顾我走过的人生道路，感到人要有点儿精神，必须有坚定的爱国主义、为人民服务、振兴国家的精神。必须艰苦奋斗，还要抓住机遇，在人生过程中作出正确的抉择。作为工程师和教师，必须有宽广扎实的科学理论基础，又有丰富的实践经验，能够理论联系实际，不断继续学习；还要有良好的职业道德，能坚持原则；要有集体主义精神，能与人合作，向人学习。我由于认识不足，又不够努力，在以上各个方面做得很差。这不是自谦，而是肺腑之言。但为时已晚，只有继续努力，弥补于万一。愿把自己的认识贡献给来者。

大师印象

一生与水共沧桑

周文斌

6月1日，张光斗成为光华工程科技奖首次成就奖唯一的获奖者，获奖金100万元。

张光斗教授的名字不用说在科技界，即使在普通群众中也早已如雷贯耳。他作为中国科学院和中国工程院的首批院士、清华大学著名教授，在90年的人生旅途中，已与水打了近70年的交道，以至被同行专家们称为“我国水利工程学界的泰斗”。

悬挂在张教授家里客厅中的许多重要水利工程的照片，既是这个俭朴家庭的一种装饰，也是张教授心目中的“家珍”。这些照片可以作证，张教授是如何呕心沥血、焚膏继晷，为我国水利水电事业贡献着自己的心血和才智；祖国的每一条江河可以作证，张教授是如何跋山涉水、不畏艰险，为全国人民和子孙后代的幸福描绘着美好蓝图；清华大学的五千多学子也可以作证，张教授是如何殚精竭虑、兢兢业业，为国家建设培养着一批又一批的栋梁之材。几十年间，张光斗教授的足迹遍布了我国的东西南北，从黄河上游的龙羊峡、拉西瓦，到长江中下游的葛洲坝、隔河岩、三峡，从雅砻江的二滩到红水河的龙滩，从华北平原的密云水库，到荆楚大地的荆江分洪工程，无不闪耀着这位科学家的智慧之光，体现着一个祖国赤子的拳拳之心。

四个第一的创造者

在我国水利水电事业发展史上，张光斗教授是值得浓墨重彩书写的一位科学家和工程师。他所创下的四个第一，已得到了水利水电学界的公认。

在抗日战争的战火中，从国外留学归来的张光斗一头扎进了水力资源十分丰富的四川，先后负责设计了桃花溪、下清渊硐、仙女硐和鲸鱼口等水电站，为长寿和万县的军工生产提供了电力，有力地支援了抗战。这些电站虽然装机容量很小，但它们却是中国人完全靠自己的力量设计、施工建成的第一批水电站。这也是张教授在我国水利水电事业中创下的第一个“第一”。

1951 年，在清华大学任教两年的张光斗接受了黄河人民胜利渠渠首闸的布置和结构设计的任务，首次在作为悬河的黄河下游破堤取水成功，做了中国人几千年想干而不敢干的事情。这是张教授创造的第二个“第一”。

1952 年，全国高等学校进行院系调整，清华大学创办水利工程系。张光斗出任系副主任兼水工结构教研组主任。他在国内首次创建了水工结构和水电工程学科，开设了水工结构专业课，编写了国内第一本《水工结构》中文教材，建立了国内最早的水工结构实验室，开创了水工结构模型实验。这是张教授创造的第三个“第一”。

1958 年，水利电力部和清华大学合办水利水电勘测设计院，张光斗出任院长兼总工程师。就在这时，北京市决定修建华北地区库容最大的密云水库，张教授是这一水库设计的总负责人。按照时任国务院总理周恩来的指示，凡有关设计图纸，必须经张光斗教授签字才能有效。根据建设单位“一年拦洪，两年完工”的要求，张教授在设计中大胆创新，采用了大面积深覆盖层中的混凝土防渗墙、高土坝薄黏性土斜墙、土坝坝下廊道导流等技术措施。这些技术都是当时的国内首创，为张教授的科技生涯创造了第四个“第一”。

爱国的科学家

1934 年，张光斗毕业于上海交通大学土木工程系。1935 年赴美国加利福尼亚大学伯克利分校读水利工程硕士学位，次年又到哈佛大学读工程力学硕士学位。1937 年 6 月，他在先后获得两个硕士学位后，计划留在哈佛进一步攻读博士学位，并获取了攻读这一学位的奖学金。但此时中国人民抗日战争全面爆发，张光斗毅然回到了战火纷飞的祖国。他的导师在得知这个决定后，虽然十分惋惜，但对他的爱国之举仍然表示理解和敬重，并申明哈佛大学工学院的门永远对他敞开。

1947 年底，美国联邦能源委员会来华工作的柯登总工程师准备回国。临行前，他一再劝张光斗举家迁移美国，并答应为他办理签证、代付路费和在美安排工作；若张光斗同意，还可与他共办工程顾问公司。但这一切都被张光斗婉辞了。他说：“我是中国人，是中国人民养育和培养了我，我有责任为祖国和人民效力。”

1948 年，时任全国水力发电工程总处副总工程师兼设计组总工程师的张光斗，接到国民政府资源委员会电业处的通知，要求把技术档案和资料图纸装箱运往台湾。张光斗在中共地下党的领导和帮助下，将一些无用的资料废纸装箱送到了资源委员会，而将一些珍贵的资料和图纸悄悄保存了下来。这些资料和图纸在后来的共和国建设中发挥了重要作用。

敬业的“倔老头”

自 20 世纪 50 年代以来，张光斗教授曾先后为官厅、三门峡、荆江分洪、新安江、丹江口、葛洲坝、二滩、小浪底、三峡等数十座大中型水利水电工程提供技术咨询，对工程枢纽布置、结构设计、工程质量提出了许多重大建议。他以科学家的严谨作风和科学态度，不畏压力，不怕权威，直言不讳，成了水利工程学界一位有名的、可亲可敬的“倔老头”。

1950 年夏季，张光斗陪同苏联专家查勘黄河潼孟河段，研究开发方案。在潼关坝址方案选择上，他同苏联专家产生了意见分歧，并毫不留情地批评苏联专家的想法不符合中国国情。在当时“一边倒”的声势下，敢与“老大哥”争论，同事们不禁都为他捏了一把汗，个别领导也批评他不虚心向苏联专家学习。在这种压力下，张光斗还是坚持自己的意见，据理力争。

在筹建和设计葛洲坝工程时，张教授提出将处于江中的葛洲坝岛炸掉，以增大二江泄洪闸和大江电站的布置长度。但这样做加大了工程的开挖量。工程局的一位副局长每天晚上拿上一瓶好酒，到张教授那里软磨硬泡，希望他放弃炸岛方案。张教授说：“酒可以喝，但岛必须炸。”后来的事实证明，张教授的这一方案对于改进枢纽水流河势、保证大江截流和扩大电站装机具有战略性的意义。

在丹江口大坝的浇筑过程中，张教授发现了工程的质量问题。他当即上书中央，陈述自己的意见。他的意见得到有关部门的高度重视，及时对大坝采取了停工整顿措施，重新加固了大坝。事后，有位专家感慨地说："若非如此，将是后患无穷。"

在讨论二滩拱坝枢纽的布置时，张光斗教授根据该工程洪水流量大、且存在泥沙问题等特点，主张采用坝内、坝外多种方式结合的泄洪方案，并形象地将此方案比喻为"不把所有鸡蛋都放在一个篮子里"。他的这一比喻被同行专家传为佳话，其指导思想也为以后的许多电站所接受。

1980 年 8 月 2 日，张教授正在葛洲坝审查设计，突然接到学校催他尽快返校的电话。他急忙绕道武汉回到北京，才知道自己 37 岁的儿子不幸因病逝世。张教授强忍着"白发人送黑发人"的巨大悲痛，就在等待为儿子开追悼会的日子里，仍然写出了一份长达十几页的《葛洲坝工程设计审查意见书》。时任水利部部长的钱正英在接到这份意见书后，泪水不禁夺眶而出。

三峡工程开工后，张光斗教授受任国务院三峡建委三峡工程质量检查专家组副组长，每年至少两次来到三峡工地的施工现场进行检查与咨询。2000 年末，年近 90 岁的张教授来到三峡工地，一定要爬上 56 米高的基坑，去看看那里的施工质量。他眼力不好，就用手仔细地触摸基坑导水表面。当他发现表面不够平整光滑时，要求一定返工补救。在场的三峡总公司陆佑楣总经理和其他同志，望着那脚穿套鞋、头戴安全帽的老人瘦弱而苍劲的身影，一个个感动得说不出话来。

2002 年 5 月 1 日，张教授刚刚度过了 90 华诞。6 月 2 日，中国工程院又决定将光华工程科技成就奖授给这位水利工程界的泰斗。面对荣誉和鲜花，张光斗教授显得特别平静。他感到自己要做的事情还有很多，担子还相当沉重。他要继续奋斗，为中国的水利水电事业的发展，为年轻一代水电工作者的成长！

（本文转自《光明日报》2002 年 6 月 3 日）

大师印象

“水利泰斗”张光斗

王建柱

在清华大学西南角那处幽静而普通的教师住宅区里，一个竹篱笆围成的小院便是张光斗老人的寓所。院中有他已故夫人钱玫荫亲手栽种的两排整齐的玉簪花，使小院绿意盎然。进入客厅，首先映入眼帘的是墙上悬挂着的周总理的照片以及三峡工程、密云水库、葛洲坝水库的照片，显示出老人不平凡的人生经历。

在卧室的一角，摆放着一台电脑。因手抖得厉害，写字很吃力，张光斗老人在85岁时开始学习用电脑打字。

当笔者得知56万字的自传书稿《我的人生之路》是张老借助放大镜，在计算机上一个字一个字地敲出来的时候，一种崇敬的心情油然而生。

笃志报国

张光斗1912年5月出生于江苏常熟县鹿苑镇一个贫寒家庭。1924年小学毕业后，到上海南洋大学附中学习，后经交通大学预科升入交通大学土木工程学院，学习结构工程。1934年秋天，张光斗大学毕业后，以优异成绩考取了清华大学水利专业留美公费生。

到美国后，他先后在加利福尼亚大学伯克利分校和哈佛大学攻读硕士学位。由于学习成绩优异，获得了哈佛大学攻读博士学位的全额奖学金。“七七事变”给了张光斗极大的震动，他毅然放弃了继续深造的机会，回国参加抗日。他说：“国将不国，我心何安。”1947年底，在华工作的美国水电工程师力邀张光斗“逃离沉船”，赴美工作。然而他回答:“我是中国人，是中国人民养育了我，我有责任建设祖国，为人民效力。”

解放前夕，国民党政府曾多次下令，让张光斗把自己多年参与查勘、积累的水电资料送往台湾，可他就是不肯。在中共地下党的帮助下，张光斗巧施“调包计”，将假资料交了出去，20大箱真资料藏到地下保存。解放后，他将这些资料全部捐赠出来，成为国家“一五”期间水电建设的重要依据。

献身水利

在新中国规模空前的水利水电建设中，张光斗渊博的学识和高深的造诣得到了充分的施展和发挥。

早在20世纪50年代初，张光斗就意识到水利理论教学的贫乏。他钻研、摸索了一套教学大纲，率先在我国开设了水工结构专业课，编写了国内第一本《水工结构》教材，建立了国内最早的水工结构实验室，开创了水工结构模型实验。

20世纪60年代，他花费了大量精力，搜集国内外资料，结合实践经验，编写了《水工建筑物》一书，然而未及出版，“文化大革命”便开始了，辛辛苦苦写就的几百万字的书稿在混乱中散失。这对他是多大的打击啊！多年之后，年老的他每日伏案，重著此书，相继于1992年、1994年、1999年出版了《水工建筑物》上、下册和《专门水工建筑物》共3部学术巨著。

1976年7月28日唐山大地震波及北京，密云水库告急。为了抢险加固，北京市委急召在外地的张光斗火速回京。张光斗连夜赶到密云水库工地。当时张光斗还处于受审查、受批判的逆境中，他被告知："这次加固工程的设计你要负责，但不准在图纸上签字。"在蒙受如此不公正待遇的恶劣环境中，他每天奔波在大坝工地，爬上爬下检查施工质量，对设计图纸一张一张地仔细审查，提出意见后交给"负责人"签字。用他自己的话说："我是为人民工作的，不是为哪一个人工作，让我签字也好，不让我签字也好，总之我要对人民负责。"

情系三峡

长江三峡水利枢纽是治理和开发长江的关键性骨干工程，张光斗是60多年来三峡工程规划、设计、研究、论证、争论，直至开工建设这一全过程的见证人和主要技术把关者。

1993年5月，张光斗被国务院三峡工程建设委员会聘任为《长江三峡水利枢纽初步设计报告》审查核心专家组的组长，主持了三峡工程初步设计的审查。在汇集10个专家组、126位专家意见的基础上，他慎重研究，反复推敲，逐字逐句地核定最终审查意见。

三峡工程开工后，张光斗担任国务院三峡建委三峡工程质量检查专家组副组长，他每年至少两次来到三峡工地的施工现场进行检查与咨询。2000年末，耄耋之年的张光斗又一次来到三峡工地。他为考察导流底孔的表面平整度是否符合设计要求，硬是从基坑攀着脚手架爬到 56 米高的底孔位置。眼睛看不清，他就用手去摸孔壁。之后，张光斗在质量检验总结会上极力坚持修补导流底孔，以确保工程质量。在场的人们望着脚穿套鞋、头戴安全帽的老人瘦弱的身影，一个个感动得说不出话来。

淡泊名利

张光斗是个“工作狂”，从黄河上游的龙羊峡、拉瓦西到长江中上游的葛洲坝、三峡，从雅砻江的二滩到红水河的龙滩，他的身影频频出现。

现在年逾九旬的张光斗每天早上六点半起床，吃完早饭，就要步行到办公室，进门第一件事情是浏览当天的报纸和信件。在办公室里，他用王大珩院士给他特制的高倍放大镜阅读全国各大水利水电工程发来的资料，每天还要阅读大量来自国内外的文献材料。遇到新出现的问题，他马上就会给有关部门打电话或写信，提出建议。如果问题特别重大，他还会去搜集大量资料，拿出充分论据，写成文章投寄有关部门与报刊，甚至上书中央。

张光斗毕生为祖国水利事业操劳奋斗，功勋卓著。但 2000 年蓝旗营的院士楼建成时，他说什么也不肯搬进去。他说我的住房条件很好，新房还是让给年轻的院士吧。近年来，他在国内国外屡屡获得大奖，并被人们称赞为“当代李冰”。对这些荣誉，老人看得很淡。他说：“我感到很惭愧，我只是做了应该做的一点事情，感到受之于人民多，为人民工作得少。”

（本文转自《人民日报》（海外版）2005 年 7 月 1 日）

大师印象

江河为证

徐　彬

2002年5月22日，北京，清华大学西南角。

这是一处幽静而普通的教师住宅区，竹篱笆围成的小院，高大的槐树茏茏葱葱，空气中能嗅出牵牛花的香气。出乎意料，当我们来到这里时，一位背已经弯得很厉害的老人已站在小道路等候。

这便是我们此行拜访的对象——我国水利水电泰斗、中国科学院院士和中国工程院院士张光斗。由于在水利水电工程、教育、科研等方面做出了杰出的贡献，张光斗荣膺第四届光华工程科技奖成就奖。

我们跟随这位90高龄的老人走进小院。院中有两棵枝叶茂盛的枣树，夫人钱玫荫亲手栽种的两排整齐的玉簪花使小院绿意盎然。房子是简单的二层小楼。进入客厅，首先映入眼帘的是墙上悬挂的周恩来总理和三峡工程、密云水库、葛洲坝水库的照片。屋里简陋的家具和摆设沉淀了厚厚的记忆。在卧室的一角摆放着一台电脑。由于写作不便，老人在85岁时还学会了电脑打字。

从1957年至今，张光斗和夫人便一直住在这里。屋里没有开灯，几缕阳光透过窗外的树叶照在老人脸上。夫人坐在一旁，目光慈祥，青春时的美丽犹存眉宇。老人望着墙上的照片，思绪开始穿越时光。

择业背后

1912年5月1日，张光斗出生于江苏省常熟县鹿苑镇一个贫寒的家庭。其父张荔洲在常熟县福山镇渝关当职员，母亲浦氏在家操持家务。张光斗出生时已有3个哥哥，一家全靠父亲微薄的收入维持生活。“母亲治家非常节省，每日粗茶淡饭。我总是穿哥哥的旧衣，能吃到一个鸡蛋就是过节了。”张光斗回忆说。

张光斗幼年勤奋好学，成绩优良，“年年全班第一”。虽然家中经济困难，但父母和哥哥始终欲罢不忍，一直供到张光斗1934年在上海交通大学土木工程学院毕业，其间几经挫折。“一要靠机遇，二要靠努力。人生过程就是如此。”张光斗说，如果当初没有考取大学和在清华大学教书，就不会有今天的作为。

谈起自己当初为何选择水利专业，张光斗直言不讳。1931年9月18日，“九·一八”事变爆发。张光斗参加了上海交大学生救国运动，两次赴南京请愿，但都被国民政府军警打回上海。其间，同学劝说其参加革命，但张光斗顾及家中艰辛，“我应有所回报，不能一下离去。”

“我以工业救国为借口，立志学水利专业。说搞水利建设总是为人民服务的，同学驳斥我说，也是为国民党反动派政府服务的，并批评我家庭观念太重。现在回想起来，感到很惭愧，因为我觉悟不高，逃离革命。”

弃学回国

1934年秋，张光斗考取了清华大学水利专业留美公费生。出国前，他在国内一些水利机构和工地实习，看到黄河、淮河流域洪涝灾害频繁发生，水利事业不兴，人民生活困苦，极大地激发了他振兴水利、为民造福的决心。

1935年，张光斗先后到美国加州大学和哈佛大学学习水利工程和工程力学，刻苦求学，成绩优良，分别获得硕士学位，并得到哈佛大学丰厚的攻读博士学位的奖学金。“我在寒暑假去美国垦务局等处实习，既加深了理论知识，又学习了实践经验，深深体会到理论联系实际的重要性，这对我以后的教学和实践大有裨益。”

七七事变的爆发终止了张光斗继续深造之梦。他和其他几位中国留学生爱国心切，热血沸腾，决心回国参加抗战。“‘国家兴亡，匹夫有责’，我们留在美国，心有不安。虽然我的导师热情挽留，但考虑再三，我们还是毅然弃学回国。”张光斗说：“这是机遇，我做了正确的选择。”

初创大业

1937年张光斗回国后，开始到四川参加水电站建设，先后建成了一批小型水电站，为长寿和万县的军工生产提供了电力，支援了抗日战争。到了1942年，由张光斗负责设计的桃花溪、仙女硐和鲸鱼口等水电站相继竣工。“虽然装机容量最大的只有3000千瓦，但这是中国人民完全依靠自己的力量建成的第一批水电站，为日后我国水电事业的发展开辟了道路。”后人高度评价了张光斗开创的中国水利水电大业。

1943 年，张光斗被委派到美国田纳西河流域管理局和美国内务部垦务局学习和考察大型水电站的工程技术。“这又是一次机遇。我到美国后吃住在工地，一个工程一个工程地看，一道工序一道工序地学。白天向有经验的工程师和工人请教，晚上学理论、查资料，把白天所学到的感性知识提高到理论认识。”

1945 年 4 月，张光斗受命回国参加筹建三峡工程。他认为在当时的条件下，修建三峡工程是不可能的，主张先建设一批中型水电站。在他的促成下，相继成立了岷江、黄河上游、资水、钱塘江等 8 个水电勘测处，收集了大量水电站地址的宝贵资料。由于当时国民政府无力修建这些水电工程，直到新中国成立后，这些资料才发挥了重要作用。

解放前夕，张光斗在美国和我国台湾地区的同学和好友纷纷来电，催促他尽快离开，但都被张光斗婉言谢绝。当时，张光斗主管水电资料。“考虑到这些资料解放后有用”，在中共地下党组织的帮助下，他把要运往台湾的 20 箱技术资料“巧妙地”保存了下来。在新中国成立后，有关部门领导曾对张光斗此举专门表示谢意。

执教清华

1949 年 10 月，张光斗到清华大学任教，并从此留在清华大学工作。1952 年，高等学校院系调整，清华大学成立水利工程系，张光斗是国内水工结构和水电工程学科的创建人之一。他编写了国内第一本《水工结构》中文教材，并建立了国内最早的水工结构实验室。张光斗出任系副主任兼水工结构教研组主任，培养了国内首批水工结构专业研究生。在清华任教期间，张光斗还受聘兼任国家重大水利水电工程的技术顾问。1951 年，他负责设计了黄河人民胜利渠进水闸，首次在黄河下游破堤取水成功，为黄河下游引黄灌溉开创了一条行之有效的道路。该工程几十年来运行情况良好，极大地改变了河南新乡地区的水利条件。

张光斗非常重视教学工作，经常走上讲台，以身示范。即使到了耄耋之年，他仍坚持亲自授课。在授课时，张光斗特别注重理论联系实际。虽然学校并没有明确的要求，但他经常主动联系工地，亲自带着学生到施工现场实习。他的学生、如今已是清华大学教授的张仁、谷兆祺、雷志栋等人还经常回忆起跟随老师去官厅等水库工地实习的情景，感谢老师教会他们真正懂得了“实践出真知”的道理。

在清华大学，张光斗执教 50 余载，殚精竭虑，呕心沥血，为国家培养了一批又一批水电专业技术人员。他的学生总计超过 5000 人，许多人已在我国水利水电建设事业中做出了突出的贡献，成为栋梁之材，其中有 7 位已被选为中国科学院和中国工程院院士。

江 河 为 证

1958 年 7 月，张光斗出任国家水利电力部和清华大学合办的水利水电勘测设计院院长兼总工程师，受命负责设计我国华北地区库容最大的密云水库。在设计中，他大胆创新，采用了在国内首创的大面积深覆盖层中的混凝土防渗墙、高土坝薄黏性土斜墙、土坝坝下廊道导流等新技术。经过 20 多万民工的努力工作，密云水库“一年拦洪，二年建成”，成为北京市主要供水水源，被周恩来总理赞誉为“放在首都人民头上的一盆清水”。

1973年，张光斗参与了葛洲坝工程的设计，提出修改原枢纽布置方案，将位于江中的葛洲坝岛炸掉，以加大二江泄洪闸和大江电站的布置长度的建议。“由于这样一来，增加了工程的开挖量，工程局的一位副局长每天晚上都提上一瓶好酒去做他的工作，但他始终坚持自己的意见。”张光斗的一位同事回忆说。事实证明，张光斗的方案对于改进枢纽水流河势，保证大江顺利截流，扩大电站装机容量和确保电站安全运行具有战略性意义。

在这几十年里，张光斗还先后参与了荆江分洪工程、官厅水库、三门峡工程、东风水电站、二滩水电站、三峡工程、小浪底工程、龙滩水电站、小湾水电站等数十座大中型水利水电工程的设计，对这些工程的枢纽布置和结构设计提出了许多极为有益的建议。

三峡工程开工后，张光斗受任国务院三峡工程质量检查专家组副组长，他坚持每年至少到三峡工地施工现场检查两次。2000年12月，时年89岁的张光斗来到三峡工地时，为了检查导流底孔的浇筑质量，亲自爬到56米高程的导流底孔。由于眼睛不好，他便用手去摸导流底孔表面的平整度。一代老工程师的敬业精神，深深感动了在场的工程人员。时任三峡工程总公司总经理陆佑楣含着眼泪说：“老一辈专家对工程质量高度负责的精神为我们树立了榜样，我们一定优质完成三峡工程。”

几十年来，祖国大地从东到西、从南到北的各大水电沾，几乎都留下了张光斗辛勤的足迹。他把自己的智慧和生命，无私地奉献给了我国的水利水电事业。一个个水利水电工程的竣工，犹如一座座丰碑，印证着这位赤子的拳拳强国之心。

咨询国策

为了提高工程师的地位，推动我国工程科技的发展。早在1981年，张光斗就倡议成立中国工程院。他多次参加国际工程科技大会，在国内广泛宣传发达国家工程院的活动和对国家重大工程建设的重要性。到20世纪90年代，张光斗与王大珩、罗沛霖等6位中国科学院院士就成立中国工程院一事联名致信中央。1994年，中国工程院正式成立，并于1997年加入了国际工程院理事会，中国工程科技进入新的发展阶段。

1998年大洪水之后，张光斗和钱正英等院士共同策划并组织了中国工程院重大咨询项目“中国可持续发展水资源战略研究”，并和钱正英担任项目负责人。该项目1999年立项后，经过43位两院院士和近300位专家近两年的紧张工作，提出了我国防洪减灾、水资源现状评价等9个专题报告和项目综合报告，取得了一批重大的研究成果。这些成果已经在国家制定的“十五”计划和重大经济决策中得到应用。

2001年，张光斗参与组织了中国工程院又一重大咨询项目“西北地区水资源配置、生态环境建设与可持续发展战略研究”，并担任该项目顾问。他不顾年老体迈，坚持参加项目综合考察活动，为项目研究提供参考意见和建议。

是什么在支撑张光斗？在获得了诸多成就和荣誉之后，还有什么梦想？这位老人的回答非常简单：“我们的国家一定要更加强盛。我们享受着前人创造的科技成果和社会进步，必须回报祖国和人民。要对科技和社会发展做贡献，为后人造福。”

（本文转自《科学时报》2002年6月5日）

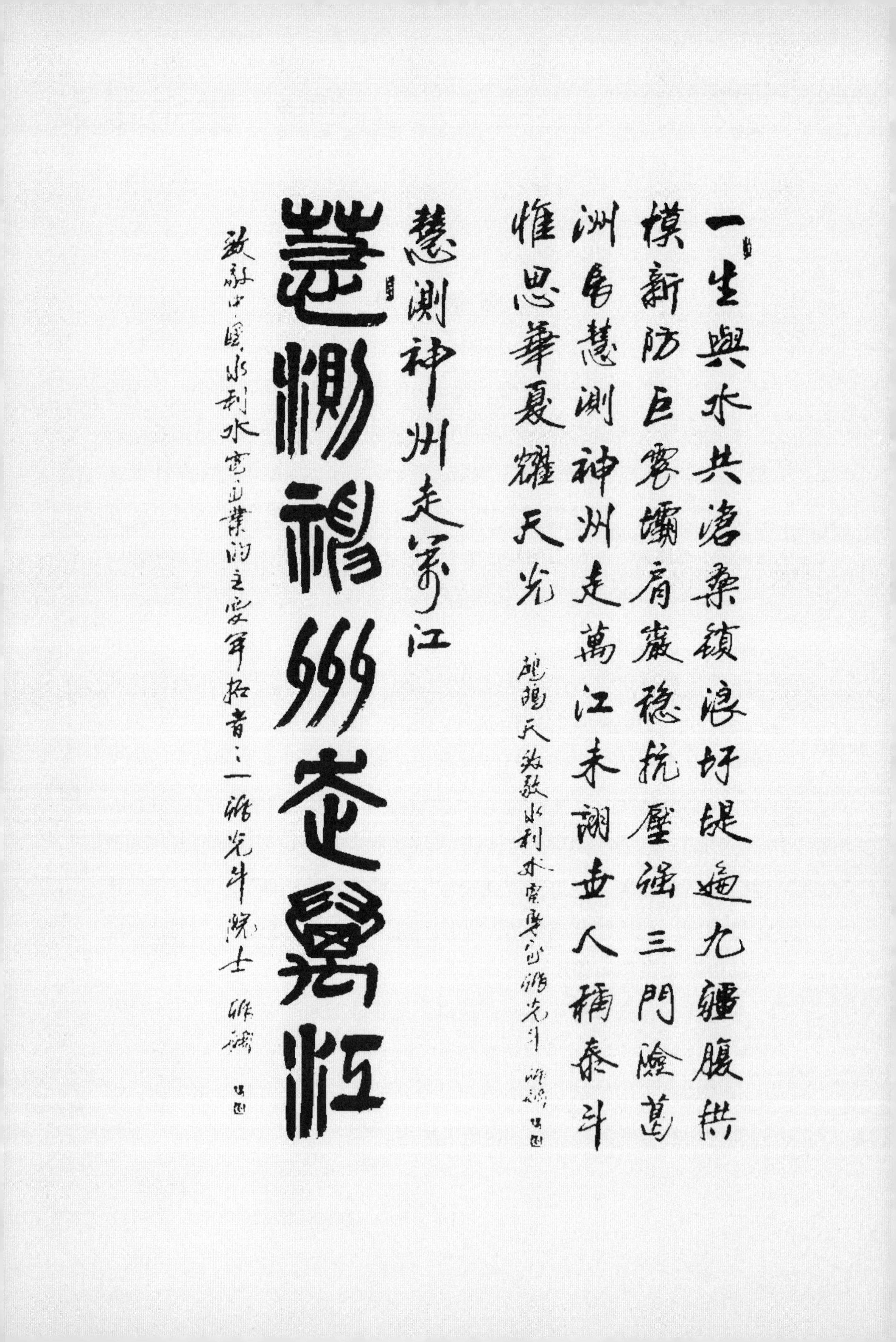

一生與水共滄桑鎮浪好堤遍九疆腹拱
模新防巨塞壩肩巖穩抗壓强三門險邁
洲島慧測神州走萬江未詡無人稱泰斗
惟思華夏耀天光

題贈天致敬水利水電專家潘家錚 [illegible]

慧測神州走萬江

慧測神州走萬江

致敬中國水利水電事業的主要開拓者之一潘家錚院士 [illegible]

师昌绪

Shi Changxu

2004年

光华工程科技成就奖

师昌绪

（1920.11.15—2014.11.10）

金属学及材料科学专家。河北省徐水县(现保定市徐水区)人。1980年当选为中国科学院院士，1994年当选为中国工程院院士。

师昌绪1945年毕业于国立西北工学院，1948—1955年留学美国，获欧特丹大学冶金博士学位，而后在麻省理工学院做博士后研究。1955—1985年在中科院金属研究所从事高温合金及高合金钢研究，领导研制出我国第一代空心气冷铸造镍基高温合金涡轮叶片等多项成果并推广应用。曾获包括国家最高科学技术奖在内的国家级奖10余项和国际实用材料创新奖等。

师昌绪曾任中国科学院金属腐蚀与防护研究所所长、名誉所长，中国科学院技术科学部主任，国家自然科学基金委员会副主任、特邀顾问，中国工程院副院长、中国材料研究学会名誉理事长，中国生物材料委员会名誉主席、国家科技图书文献中心理事长，两院资深院士联谊会会长等职务。

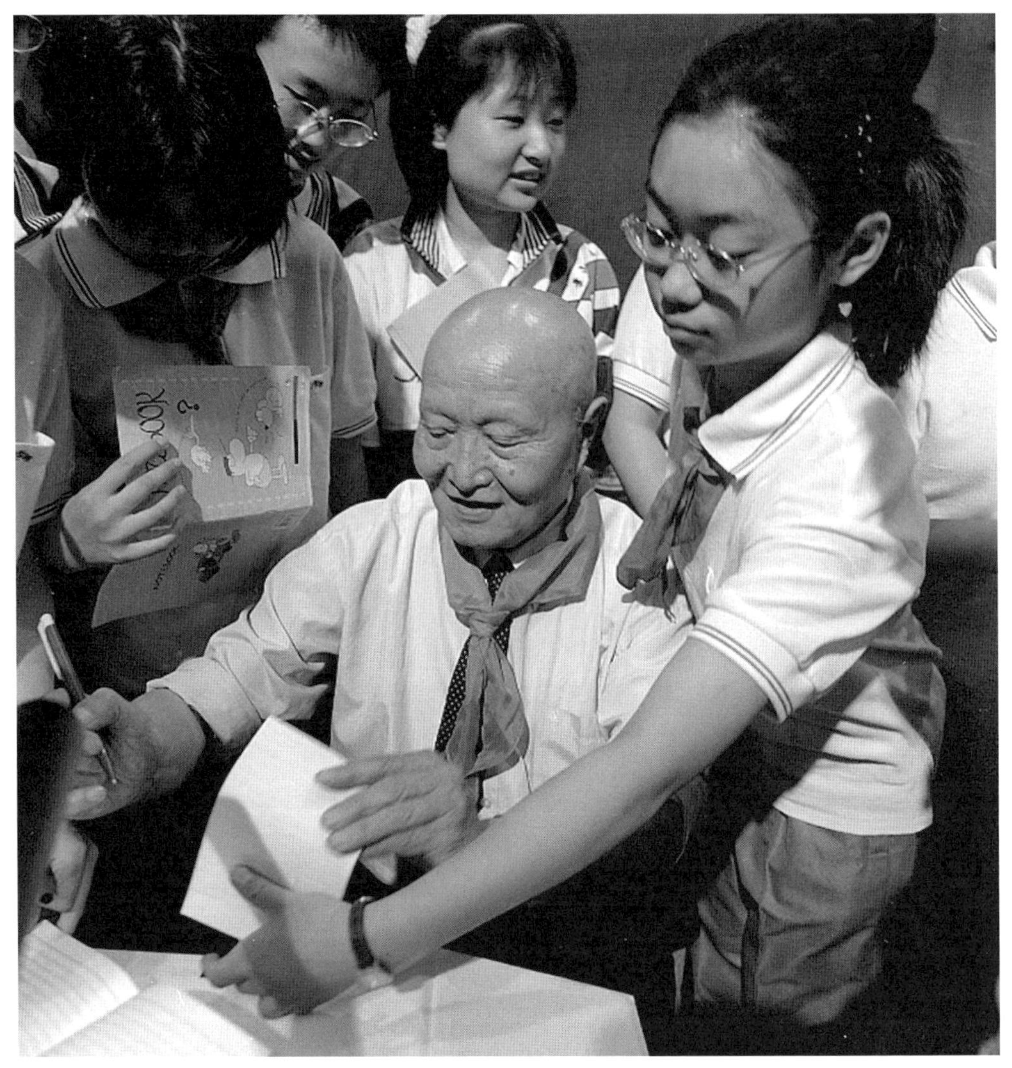

师昌绪 1999 年 5 月 25 日在北京景山学校

鹧鸪天 * 致敬师昌绪

研题内外本无分，最是为人情意真。闲事入心皆学问，万花结果源同根。探钢性，辨镍身，锤压焰炼识合金。一笑尽融磨难苦，千结梦绕华夏心。

促进我国科學技术的进步，在具体科技项目方面做出有創造性的成果固很重要，而科学管理与組織工作也不容忽視。

我是一个“只问耕耘、不问收获”的人，只要对国家技术的发展有利，便努力为之。因调京十几年来疲於奔命，有時連星期天都被占用了，但心情是愉快的。

师昌绪

1994.5.26

自述

与国为利 但许吾身

我是一个“只问耕耘，不问收获”的人，只要对国家科学及发展有利，便努力而为之，因此，十几年来，疲于奔命，有时连星期天都被占用了，但是心情是愉快的。

作为一个科学技术工作者，自 1955 年回国以后，我的工作大致可以分为两个阶段：1955—1978 年主要从事金属材料的研究、开发和推广。从 1978 年到现在，则是以科研组织管理工作为重点，大致做了以下四个方面的工作。

（一）科技管理。1978 年，李熏所长调任中国科学院副院长之后，金属所的业务工作便由作为常务副所长的我来主持。1980 年，我被任命为所长，并一直任职到 1985 年。

金属所是一个名家如林、成绩显著的大所。像我这样一个声望不够高、性格软弱的书生，其难度可想而知。20 世纪 80 年代初，鉴于腐蚀科学的重要性，我主动承担了筹建金属腐蚀与防护研究所的任务。作为兼任所长，我在选址、征地、组织队伍、确定研究方向等方面作出了很大努力。这个所是由长春应化所及金属所有关学科组成的200人左右的一支队伍，成员间能密切合作、优势互补，十几年来已形成了具有一个博士点和博士后流动站，一个国家重点实验室和一个国家工程技术研究中心的科研单位，在国内外有较高的知名度。

1983年春，李熏副院长不幸谢世，他所兼任的技术科学部第一主任一职由我接任。在这一职位上，我工作了13年，直到1996年6月才卸任。在任职的前几年，技术科学部是管辖中国科学院有关研究所的实体，大到各所研究方向的确定，小到研究员提升的审定，往往应接不暇。在此期间，由于接触面广，我学习了不少专业知识，也结识了不少朋友。

1986年2月，国家自然科学基金委员会成立，我被聘为副主任。在任职的五年内，除了分管材料与工程学部外，我还在政策局和管理科学组做了很多具体工作，如《申请项目指南》的制定与编写、《科学发展战略研究》的启动与编写等。我不懈的努力和勤恳的工作也得到了广大同事的爱戴与拥护，所以在1989年选举全国劳动模范与先进工作者时，在完全自由投票情况下，我被选为代表，出席了大会。

我的最后一个职务是中国工程院副院长。

在我国，最早倡议成立中国工程院是在1982年，我便参与其中。那一时期，受中国科学院技术科学部李熏主任的委托，张光斗、吴仲华、罗沛霖和我四个人组成小组，研究成立工程院的必要性并提出初步方案。经过几天的讨论，我们形成了一个意见，并上书党中央和国务院，但未能实施。此后，每年人大、政协会议以及平时，我都会不断提出成立中国工程院或扩大中国科学院技术科学部的建议。

1992年4月21日，张光斗、王大珩、张维、侯祥麟、罗沛霖和我又提出了成立中国工程技术科学院的建议。当年5月11日，时任中共中央总书记的江泽民做出了肯定的批示，并请中国科学院牵头协商有关方面提出的意见，这项任务就落到技术科学部的头上。不久后便成立了一个以宋健国务委员为组长，由45位科学家和部门代表组成的筹备组，我被指定为筹备小组副组长之一。

在整个筹备期间，我自然花费了很大精力，特别是在一些难以解决的问题上，作为发起者的“老科学家”起到一些作用。在首届院士大会上，我被选为副院长之一。像我这样偌大年纪还担任这样的职务，主要是希望新成立的工程院与中国科学院建立更密切的联系，共同发挥作用。我也愿意为此站好最后一班岗。

（二）学会工作。20世纪80年代以前，我担任过中国金属学会、中国航空学会、中国宇航学会的理事或常务理事，但没有做过实际工作。进入80年代，中国金属学会下面的一个材料科学学会选举我担任了第一任理事长。当时，考虑到材料科学涉及各类材料，而非只是金属，除材料生产外还有应用。因此，在中国科协的组织下，我们联合包括27个学会有关材料的部分，组成了“中国材料联合会”，我被选举为第一任主席。这个组织就是如今“中国材料研究学会”（CMRS）的前身。

在CMRS的成立过程中，我也尽了很大努力，包括多次出席国际会议，防止出现“两个中国”和“一中一台”问题等。我目前虽然只是一名顾问，但针对有些难题还要作出更多努力。

汽车薄板的品种质量是发展汽车工业的关键之一。早在20世纪80年代初，日本理化研究所的吉田清太教授就提出要帮助我国生产合格的汽车薄板，并为此几次来到中国，希望我们能组织一个包括研究、生产与实用汽车薄板人员为一体的“中国汽车薄板研究会”。最终，以我为主席成立了这样一个组织，并于20世纪80年代末加入了“国际深冲研究会”（IDDRG）。1992年，该研究会在我国召开了一次国际会议。会上，我被选举为1992—1994年度国际深冲研究会主席。

在吉田的倡导下，我国研制成功了含磷汽车薄板，为我国汽车减重作出了贡献。同时，中日互访和学术交流达七八次之多，使我国钢厂和汽车厂的很多工程师们受益匪浅。

还有一件事情值得一提。生物医用材料是材料领域最活跃的分支之一，国际上有一民间组织，每次组织大会，参加人都数以千计。我国在相关领域有一位颇有成就、又有活动能力的专家曾多次参加会议，并得到该组织领导集团的承认，同意我国作为团体会员加入。然而，我国有个别权威写信给他们，说了这位教授不少坏话，并声称他不能代表中国。因此，他们认为中国没有统一的专业组织，加入该组织的时机尚不成熟。

为此，中国材料研究学会副理事长朱鹤孙教授找我商量，要我出面，将国内几个学会有关生物医用材料部分组织起来。我致信中国科协讲明了这个意图。在科协的努力下，这一提议最终成形，但是一定要我担任该组织的主席，否则难以达成协议。在万般无奈下，我也只能勉为其难。可喜的是，在加拿大召开的国际会议上，经过我国代表的艰苦奋斗，我们终于被接纳为团体会员。

（三）编辑出版。出版工作是传播研究成果最主要的形式之一，也是提高民族素质、宣扬国威的一个渠道。为此，在此阶段，我以相当精力贯注在出版工作上。20世纪80年代初，我创办了《能源材料》杂志，后来又改为《材料科学进展》和《材料研究学报》。与此同时，中国金属学会急于创办一本有关金属的英文杂志，但苦于找不到人承办，我便接受了这项任务，主编了一本《Chinese Jour.of Metal Science and Technology》。这是我国第一本有关金属材料的英文杂志，并由纽约 Allerton 出版社行销国外。几年前，这本杂志实现了国际化，不但有外国人作编委，而且刊登了相当数量的外国文章，更名为《Jour.of Materials Science and technology》。本刊已进入 SCI 索引系统，并在国际上生产了一定影响。

在我国材料杂志中，《金属学报》无论在索引刊登量或引文数方面都属第一，在国内影响很大。1956—1983 年的主编一直是李熏所长，我是编委会常委。李熏去世以后，由我任主编，一直到 1996 年。在担任国家自然科学基金委员会副主任后，我又创办了《中国科学基金》和《自然科学进展》(中英文版)，前者我任主编五年，后者一直到今。《自然科学进展》是一本高档次杂志，也已被 SCI 收录。

进入 20 世纪 90 年代，我还主编了一本《材料大辞典》（化工出版社）和一套《材料科学技术大百科全书》（中国大百科出版社），两者都有 400 万字左右。在编写过程中，我发动了国内高水平专家加入编写者行列。前者已将版权售予台湾出版商。近年来又发现一套由 R.W.Cahn（英），P.Haasen（德），E.J.Kramer（美）主编的《Materials Science and Technology》共 18 卷，由德国 VCH 公司出版，售价折合人民币约 5 万元。像这样贵的书，国内只有个别图书馆买得起，又因版权问题不能影印，因此国内只有个别人能看得到此书。我提出把它翻译成中文出版。如此，不但有更多的材料工作者看到此书，而且可以扩展到长期在工厂的工程技术人员。我建议买下本书的翻译权，并在中科院拿到几十万元，现已签订合同，正组织力量开展这项工作。

出版工作并不是每次都是成功的。几年前，由中科院组织的《科学技术前沿大百科》由于资金不落实，出版社能力不足，虽然费了很大的力气，已编就的学科交稿两年也未能出版，正在编写的几卷前途也很渺茫。为此我感到十分内疚，因为发动了很多院士和专家，无法交代。

（四）咨询服务。咨询所包括的范围很广，从论文的评审答辩、项目的论证、课题的鉴定以至国家规划的制订等。自20世纪80年代初，我到北京工作以来的十几年间，差不多有三分之一到四分之一的时间从事这类工作。现仅就其中较为有影响的列举如下——1983年前后，在国家计委和科委的主持下，我负责主持新材料计划的制订，历时近一年，在建议的八个重点领域中，有六个列入了国家攻关计划，其余两项目前也都有发展前景。如电动汽车的高效储能材料，“863计划”实施的初期是以跟踪为主要目标。在成都和苏州召开的会议上，我强烈地提出“必须重视创新”的建议，因为高技术的核心是创新，否则“跟踪”也是无法实现的。

作为“863计划”新材料领域的顾问，我也做了一些工作。国家重点实验室的建立是我国改革开放以来发展科学技术的一项重要措施。在这方面，我也曾付出一些劳动。特别在利用世界银行贷款建立75个国家重点实验室以及58个专业实验室的立项及可行报告的评审，从1988年到1991年，作为国家计委聘任的专家组长，我付出了很多心血。在任国家自然科学基金委员会副主任期间，我还主持对重点实验室的定期评估及运行费的评议工作；两项工作分属两委（计委与科委），执行不同标准，在我的努力下，把它们统一起来了；在评审方面上也不断改进，使我们的评审做到规范化。1996 年，在两委的委托下，我还主持了我国重大科学工程项目的评审。这是一项投资强度大，情况复杂，涉及面广，难度很大的工作。

促进我国科学技术的进步，在具体科技项目方面作出有创造性的成果固然是非常重要的，而科学管理与组织也不容忽视。有人说我在后者所起的作用比前者更为重要。我是一个“只问耕耘，不问收获”的人，只要对国家科学及发展有利，便努力而为之，因此，十几年来，疲于奔命，有时连星期天都被占用了，但是心情是愉快的。

大师印象

攻关排头兵　科技战略家

李新彦　武卫政

6月4日上午，第五届光华工程科技奖在人民大会堂揭晓，我国著名材料科学专家师昌绪荣获“光华工程科技奖成就奖”。当中国科学院院长路甬祥、国务委员陈至立、中国工程院院长徐匡迪把获奖证书和标有奖金100万元的奖牌授予83岁的师昌绪时，全场响起经久不息的掌声。

师昌绪，“两院”资深院士，不仅是我国高温合金技术开拓者之一，领导研制出中国第一代空心气冷铸造镍基高温合金涡轮叶片，开发了中国第一代铁基高温合金、耐热腐蚀铸造镍基高温合金及低温偏析高温合金，研制出抗尿素腐蚀无镍不锈钢及不含铬、镍的铁锰铝系奥氏体钢等，而且在国家科技领导机关长年从事管理工作，多次主持或参加国家冶金、材料科学和新材料方面的规划及国家重点实验室、重大科学工程、国家工程研究中心等立项与评估，参与国家重大科技决策，在国内外科技界享有很高的声誉。

天地存肝胆，江山阅鬓华。回顾自己的大半生，师昌绪没有多少豪言壮语。“作为一个中国人，就要对中国做出贡献，这是人生的第一要义。”他最常说的这句话，虽然朴实无华，却凝聚着一位饱经沧桑的老知识分子数十年来投身科学事业，矢志报国的赤子情怀。

心向祖国，为国分忧，冲刺科学制高点

说起来，师昌绪是我国老一代的“海归”派。1948 年，他负笈北美，攻读新兴的物理冶金学。新中国的成立以及中国在朝鲜战场上的胜利使他备受鼓舞。为了争取回国，他和几位留学生带头多方联络，勇敢地向美国进步人士宣传，集体致信美国总统，引起了当时美国新闻界的注意和广泛报道，也为中美日内瓦谈判和华沙中美大使级会谈起到了积极作用。1955 年春，美方终于同意 76 名中国留学生回国，师昌绪名列其中。临行前，导师问他：“你为何想回国？如果因为职位低，挣钱少的话，我可以帮忙。”他坦然回答：“都不是。在美国我无关紧要，但我的祖国需要我！”

回国后，师昌绪来到中科院沈阳金属研究所。当时，新中国建设如火如荼，在一般人看来，科学院研究所的科技人员多写论文才是出成果的重要标志，而师昌绪则提出：“科技工作者除了写论文外，还须充分体察国情，理论联系实际，针对国家的需要确定主攻方向，解决重大的关键技术问题，为祖国排忧解难。”

第一个五年计划建设时期，师昌绪奉命带领科技人员一头扎到鞍山钢铁公司，帮助解决钢铁生产中的技术难题。他们在精矿烧结、高炉渣的形成及平炉冶炼与铸锭等方面开展了广泛的研究，主要成果对全国钢质量的控制产生了深远的影响。

随着金属研究所学科方向的重大调整，师昌绪受命主持高温合金研究方面的工作。高温合金是当时航空、航天与原子能工业发展

中必不可少的材料，外国人不给我们技术，只能靠自己研制。师昌绪高瞻远瞩，从长远出发确定研究方向，锁定重大目标。国家缺钴，他领导发展了916无钴铸造镍基合金；国家缺镍，他又组织科技人员研究出无镍的铬锰氮不锈钢。他提出以铁基代替部分镍基高温合金，研制出我国第一代铁基合金涡轮盘材料，替代了用量很大的镍基合金，制成了数千个涡轮盘，为我国航空发动机工业的发展发挥了重要作用。

1964年，我国航空科学家决定研制空心涡轮叶片，以提高航空发动机的档次。航空研究院副总工程师荣科找到师昌绪，问他敢不敢承担铸造空心涡轮叶片的任务。当时，很多人对此有争议，认为这项任务难度太大，不可能完成。师昌绪对此技术更是一无所知。但一种强烈的责任感和使命感使他坚定地回答："既然外国人能做出来，我们就一定能做出来！"

随后，他带领研究、设计、生产三结合攻关小组日夜奋战，仅用1年时间，就攻克了造型、脱芯、测壁厚、合金质量控制等一系列技术难关，终于在实验室做出我国第一片9孔铸造镍基高温合金空心涡轮叶片，1966年正式投产，结果完全符合设计要求。我国的涡轮叶片发展因此一步迈了两个台阶：由锻造合金改为真空精铸，由实心叶片改为空心叶片，成为继美国之后，世界上第二个成功采用精铸气冷涡轮叶片的国家。20世纪80年代初，世界著名的英国罗尔斯·罗伊斯发动机制造公司总设计师胡克教授在沈阳看到这种铸造空心涡轮叶片后，十分感慨："单凭见到这一实际成就，我就没白来中国一趟，因为我们用了8年才研制成功。"

谈起这段往事，师昌绪深有感触："科学院就是要干难度大的项目，如果只做有把握的事情，就失去了科学研究的探索性与风险性，就不会有创新，就不会有科学事业的发展与社会的进步。对于难度大、有风险的课题，只要应用部门提出来，就要想方设法去解决。”

胸怀全局，与时俱进，科学管理做帅才

2000 年，科学出版社出版了《师昌绪科技活动生涯》一书，一些同事和学生在庆贺师老八十大寿的回忆文章中纷纷谈到：师先生是一位帅才，无论是在金属所搞研究，还是后来调到国家科技部门的重要岗位，都能正确无误地指点方向。

早在 20 世纪 50 年代于美国留学时，师昌绪就开始从事真空冶金和合金钢的基础研究，获得了很有成效的结果。60 年代到 80 年代世界飞机制造中常用的 300M 钢，就是根据他在麻省理工学院时的研究基础发展起来的。这些早期研究已经预兆了他在未来半个多世纪的卓越成就。

在金属所期间，他无论是做研究员，还是当所长，都能从世界材料科学发展的最新进展和国内实际出发，提出具有前瞻性的研究方向。70 年代，师昌绪针对铸造合金的特点，提出要加强合金凝固过程的研究。在他的组织和指导下，科技人员发现了低偏析技术，利用这一技术发展了一系列高性能低偏析高温合金和一些低偏析的耐热合金、耐蚀合金。后来成立了中试基地，同时申请世界银行支持，成立了国家均质化合金工程中心。为了表彰中国材料科学家的贡献，国际材料研究学会于 1998 年授予低偏析高温合金项目“实用材料创新奖”。

花甲之年，对一般人而言，可以安然退休，享享清福了。但对于

师昌绪来说，此时却是他焕发青春、老当益壮的年华。1984 年他奉调入京，先后担任中科院技术科学部主任、国家自然科学基金委员会副主任、中国工程院副院长、中科院学部咨询委员会主任等职务。在这些重要的科技领导岗位上，他有更多的机会关注国家科技发展战略，发挥多年以来的积累，为祖国科学事业发展出谋划策。

在中科院技术科学部，他敏锐地感到来自世界新技术革命的挑战，组织学部委员们（现称院士）对我国钢铁、能源、通信、计算机、集成电路的发展以及科技人员的培养等重大战略问题进行咨询，受到国务院的高度重视。

1982 年，师昌绪就与 3 位科学家一起提出成立中国工程科学院的建议，但没被批准。师昌绪锲而不舍，1993 年又与其他 5 位科学家联名向中央上书，建议由作出杰出贡献的专家为院士组成工程科技界最高学术机构——中国工程院，对国家重大科技问题开展咨询和战略研究，致力于推动工程科技的发展。这一建议很快得到中央批准。此后，作为中国工程院筹建组副组长，他全力以赴投入拟订组建方案和具体筹备工作。1994 年中国工程院正式成立，师昌绪当选为首批院士和首届副院长，两次主持了关系工程院长远发展的学部调整调研。

在国家自然科学基金委员会，师昌绪就我国基金制的发展提出很多具有创见的建议。在一次主任会议上，他提出基金要优先资助某些领域，特别是数学和理论物理，因为中国人脑子聪明，而这两个学科又不需要很大的设备和装置，有可能在不太长的时间内有所突破。会上确定先以数学学科为试点，并在南开大学召开了包括国外华裔青年数学家在内的讨论会，会后又申请财政拨款成立了“天元数学基金”，使数学学科的研究有了一个较为轻松的环境。

1997 年，我国启动重大基础研究规划的立项工作，开始只有农业、能源、信息、资源环境与生命科学等 5 个领域。1998 年，在师昌绪等科学家的积极建议下，国务院科技领导小组同意将材料列为重点支持领域之一。从此，我国材料科学研究驶入了快车道。

坚韧不拔，刻苦敬业，育才甘当孺子牛

总结几十年的人生经验，师昌绪说："要在事业上取得成就，关键在于个人的刻苦努力与坚韧不拔的敬业精神。"

唯其敬业，他把个人荣辱置之度外，吃苦受累毫无怨言。20 世纪 70 年代，师昌绪带队到贵州某基地推广他在 60 年代领导研制出来的航空发动机气冷涡轮叶片。当时那里生活很艰苦，喝的是浑浊的水，住的是简易宿舍，吃的是用发霉的大米、地瓜干和玉米面做成的混合饭、南瓜汤，连咸菜和酱油都没有。师昌绪却以苦为乐，每天和大家一起排队买饭，共进三餐，一干就是几个月。他们夜以继日地攻关，为厂里组建了一整套生产、检验的技术标准，使空心涡轮叶片的生产质量与成品率都达到最好水平，成为我国当时最先进歼击机的最关键部件，经过多年考验没有发生事故，并成批生产走向市场。90 年代师昌绪重返这个厂时，工厂里的老总、工程技术人员，甚至已经退休的老工程师、老工人都赶去探望他，场面十分热烈感人。

唯其敬业，他宽厚待人，严于律己。师昌绪出身于书香门第，"忠厚传家久，诗书继世长"的家风使他从小受到中华传统美德的熏陶，也因此深得领导、同事和朋友们的信赖和爱戴。在金属所时，大家都尊称他为"师先生"。到北京后，许多国家部门和科学院的人都尊称

他为“师老”。金属所的同事回忆说，在人性扭曲的“文革”时期，师昌绪被污蔑为“美蒋特务”，造反派喝问与他一起受批斗的同事：师昌绪是什么人？这位同事义正词严地回答：“他是忠厚长者！”这一幕至今给人以心灵上的震撼。“文革”中，师昌绪受到非人折磨，曾被造反派打得皮开肉绽。后来他任金属所所长，对那些整过他的人照样以礼相待，特别是在晋升职称等问题上一视同仁，受到大家交口称赞。而他的夫人郭蕴宜从金属所退休时，还是个副研究员。很多人鸣不平，对师昌绪说：“如果不是和您在一起，郭老师早评上研究员了。”他平静地回答：“很多同志都已具备晋升研究员的资格，但是名额有限，只能先人后己了。”

唯其敬业，他敢说真话，最讲团结。他本来是材料科学家，到北京后，却主持过不少国家级的大课题论证。因为他总是能站在全局的高度将大家组织起来，遇有不同意见时，他让各方畅所欲言，公平竞争，这样大家也都心悦诚服。无私者无畏，在这些年里，他不知道主持过多少鉴定会或评审会，从来没有说过违心的话。在向上级汇报工作时，他讲过不少别人不愿讲或不敢讲的话，不但没有引起反感或非议，反而受到大家的尊重。

唯其敬业，正如师老自述：“迟暮夕阳余热暖，情真意切育英才。”几十年来，他带出了一支能打硬仗的攻坚队伍，其中已晋升高级职称的有上百人，不少人已担任各级科研机关的领导职务。他受聘于国内十余所著名大学做兼职教授，是两个学科的博士生导师，已与合作者共同培养硕士、博士毕业生近百人，并在国内外发表论文 300 多篇。他领导的材料科学科研集体荣获国家级奖励 10 余项，其中两次获得国家科技进步一等奖。

唯其敬业，他“爱管闲事”，几十年的科研和管理生涯只能用一个“忙”字来概括。特别是进京之后，他在中科院、工程院、基金委都有办公室，除了岗位工作以外，还有更多的额外负担，如研究生答辩、成果鉴定、学会活动、国家重大科学工程的立项、国家重点实验室及国家工程研究中心的评审与评估等。在很多情况下，人们根据他可能抽出的时间安排活动，所以周末、节假日都占了，一年中真正悠闲的时间寥寥无几。不少好心人见他这样忙，都劝他多休息，少工作，减负荷。他却满不在乎地回答：“只要心情愉快，工作多并不是负担，忙才不感到空虚。”

虽才高于世，而无骄尚之情，正是师昌绪做人做事的真实写照。

“知者乐，仁者寿”，让我们借用孔子的这句话，真诚地祝福他！

（本文转自《人民日报》2004 年 6 月 7 日）

大师印象

材料大师——师昌绪

李大庆

2004年6月4日上午11时30分，一位老者缓步走上人民大会堂主席台，在全场1200多名院士的热烈掌声中，从国务委员陈至立手中接过了“光华科技奖成就奖”。他就是两院院士、我国著名的材料科学专家师昌绪先生。

1955年7月，骄阳似火的美国旧金山码头，克里夫兰号客轮从这里启航开往香港。船缓缓离岸，站在甲板上的35岁的师昌绪万分激动：“我终于可以回到祖国了。”在滚滚波涛中，他的思绪又飞回到了为争取回国而与美国当局斗争的日日夜夜。

师昌绪是1948年9月来到美国密苏里大学矿冶学院开始留学生涯的，主要从事真空冶金的研究。在攻读硕士学位期间，他利用真空中蒸汽压的原理，从炼铅过程中所得的锌熔渣分离银，其纯度达90%以上。这个具有开拓性的独特方法改进了100年前发明的用锌提取液铅中金银的方法。年轻的师昌绪到美国不久便显示了他的科研才华。1952年，他在美国欧特丹大学完成的博士论文是有关铟—锑—砷三元合金相图，为今天化合物半导体的发展做出了贡献。在美国麻省理工学院进行博士后研究工作期间，师昌绪又在属于美国空军课题的“硅在超高强度钢中作用的研究”中以4300系统为基础，变化钢中硅及碳的含量，系统地研究硅对回火、残留奥氏体及二次硬化影响等问题。在他的研究结果基础上发展出来的300M高强度钢，成为20世纪60年代到80年代世界上最常用的飞机起落架用钢，解决了飞机起落架经常因断裂韧性或冲击值不够而发生严重事故的问题。

1951年朝鲜战争爆发后，美国当局收走了中国留学生的护照，限制他们离开美国回到中国。抱有坚定回国信念的师昌绪便与志同道合者开始了同美国当局的坚决斗争。他们做的第一件事情就是要把美国扣留中国留学生的情况向祖国汇报，为祖国提供确切的证据。在美国当局禁止中国留学生回国后，师昌绪曾和印度某工学院联系，想去做一名研究学者，这当然是他为曲线回国而想出的办法。但随着中国在朝鲜战场上的胜利，美国当局便限制中国留学生离境，一律视其出境为回中国。师昌绪便利用曾和印度大使馆有过联系，通过一位富有同情心的印度青年外交官把信件转交给了中国政府。1954年5月在日内瓦国际会议上，这封信成为中国抗议美国政府无理扣压中国留学生回国的重要依据。周恩来总理也由此向美国政府提出严正抗议。美国新闻媒体将此事炒得沸沸扬扬。《波士顿环球报》还以通栏大标题报道在美的中国学生要求回国，并刊登了师昌绪等三名中国留学生的照片。

为了造声势，赢得美国人民的同情，师昌绪等人又写信给美国总统艾森豪威尔，申诉美国不应阻挠中国留学生回国，并将这封信向美国人民散发。1954年夏天，师昌绪等人白天在实验室工作，晚上就用花50美元买来的滚筒式油印机油印控诉艾森豪威尔的信件。师昌绪将装得满满的两大皮箱信从波士顿运到纽约去散发。

师昌绪

1955 年春，美国公布同意 76 名中国留学生回国名单，其中就有师昌绪。他的导师柯恩教授向他提出:“如果因为职务低、挣钱少的话，我可以帮忙。”师昌绪谢绝了导师的好意，于 7 月乘船离开美国，投入祖国的怀抱。回国后，师昌绪被分配到了中科院沈阳金属研究所。怀有满腔热情又风华正茂的师昌绪积极投入到了材料科学的研究之中。

50 年代末期，高温合金是航空、航天与原子能工业发展中必不可少的材料。师昌绪从中国既缺镍少铬，又受到资本主义国家封锁的实际出发，提出大力发展铁基高温合金的战略方针。为了克服一般铁基高温合金的耐热性能差的弱点，师昌绪等人在设计成分时，一反铁基高温合金中钛高铝低的常规作法，相应提高铝的含量，从而研制出我国第一个铁基高温合金 808，代替了当时的镍基高温合金 GH33，作为航空发动机的涡轮盘。

1960 年冬正是国家经济困难时期。为了使我国高温合金的生产立足国内，师昌绪率队与抚顺钢厂共同攻关。当时他的妻子正怀孕需要照顾，他便每天早晚乘铁闷罐车往返于沈阳与抚顺之间，即使最冷的一二月份也是如此，备受艰辛。在几年的时间里，师昌绪跑遍了国内的航空发动机生产厂家，帮助解决生产过程中的实际问题，被人们称为“材料医生”。

1963 年，师昌绪接受了为我国航空发动机研制空心涡轮叶片的任务。当时叶片都是锻造的，航空材料界对铸造的叶片心存疑惑，做铸造空心叶片的风险更大。这个项目在国际上是保密的，国内也没有做过。师昌绪等人在航空研究院荣科总工程师的建议下，组成研究—设计—生产三结合形式，只用了 1 年多的时间就完成了冶炼、铸造等研制任务。他们铸造的九孔空心涡轮叶片，使我国的涡轮叶片发展一步迈上两个台阶：由锻造合金改为真空精铸，由实心叶片改为空心叶片。这使我国成为继美国之后，世界第二个成功采用了精铸气冷涡轮叶片的国家，仅比美国晚了 5 年。

1975 年，航空工业部决定把空心叶片的生产转到贵州 170 厂，师昌绪带头参加工作组去帮助生产。在 170 厂，他们住的是透风的工棚；喝的水是浑的，只有沉淀一会儿才能使用；吃的是大米、地瓜干和玉米面做的混合饭及南瓜汤，没有菜，连咸菜和酱油都没有，如不耐心和用力去嚼，则无法下咽。可师昌绪毫无怨言，而且非常乐观，与同事们一起完成了任务。该项成果获 1985 年国家科技进步一等奖。

由于师昌绪在高温合金领域做出了重大贡献，业内公认他是我国高温合金领域的开拓者之一。

1984 年，一纸调令从北京飞到了沈阳，时任金属所所长的师昌绪被任命为中科院技术科学部主任。由此他便开始了以北京为舞台的科技管理工作，不再只是一个研究材料的专家了。他从面向世界新技术革命的高度开展学部工作，组织学部委员们对钢铁、能源、通信、计算机、集成电路以及科技人员培训等问题进行了咨询，并报送国务院，受到高度重视。在材料科学研究中做出巨大贡献的师昌绪也很擅长做科技管理工作，是我国少有的在几个重要的科研管理机构都工作过的人物。

1986 年 2 月，国家自然科学基金委成立，师昌绪被任命为副主任。他做了大量细致具体的工作。他认为基金委有学术性和机关性双重作用，而且首先是学术性。各学部主要成员必须具备较高研究水平，否则不是变成衙门式的官僚机构，就是成为专家的尾巴，自己无力辨别方向。为此，他提出了学部主要成员的轮换制，并采取了特殊办法解决高水平人员不愿来京的问题。他还亲自制订与主编了《基金项目指南》，为国家自然科学的发展起到导向作用。他主持了《科学发展战略研究》的启动与编写。在编写过程中，广纳众议，对国家基础和应用研究的发展提出了一套比较完整的看法，被学术界认为对推动我国基础研究的发展颇有新建树。

1991年春夏之交，北京友谊宾馆的一间客房内。师昌绪与张光斗、吴仲华、罗沛霖连续几天都在商量一件重要的大事：讨论成立中国工程院的问题。四位院士起草了一份报告，呈送党中央。不久，四人又联名在《光明日报》发表文章，阐述成立中国工程院的必要。1992年，师昌绪又与其他5名院士联名写信给党中央，再次阐述了成立中国工程院的必要性和紧迫性，得到批准后，他是提出组建方案的主持人和筹备组副组长。1994年6月，中国工程院宣告成立，74岁的师昌绪被任命为首任副院长。

为了发展祖国的科技事业，师昌绪还肩负着许多社会工作。1985年他担任中国金属学会材料科学学会理事长期间，在中国科协的支持下，主持了由27个全国学会组成的中国材料联合会，并于1993年发展为中国材料研究学会。为了联合冶金工作者和汽车制造者，师昌绪推动成立了中国薄钢板研究组，并加入了国际深冲组。师昌绪在1992—1994年担任这个国际组织的主席。

生物材料是21世纪研究与开发的热点，我国因几个学会不能联合而无法加入国际组织。师昌绪经过努力，在1997年联合几个学会成立了中国生物材料委员会，并被推选为理事长。该委员会于1998年加入国际组织，避免了与彼岸的矛盾与冲突。2004年他成功争取到2012年第九届世界生物材料大会的举办权。他不是生物材料专家，但他热心促进中国生物材料的发展，完全出于对我国材料科学与技术进步的责任心。

属于乐天派的师昌绪自认为是个“只问耕耘，不问收获”的人，只要对国家科学技术发展有利，便努力为之，因此几十年来呕心沥血，把自己的全部时间都献给了祖国的科技事业。

（本文摘自《科技日报》2004 年 6 月 7 日）

大师印象

材料医生　战略英才

保婷婷

采访之前，我心里在想：要采访一位耄耋之年的老人，一定不是一件困难的事。他若非坐在摇椅上和家人尽享天伦之乐，就一定在离家不远的某个公园里享受明媚阳光。可是，当我拿到这位年届84岁老人的日程表时，才知道自己的想法有多么"浪漫"：5月14日、15日，参加中国科学院国家中长期科学和技术发展规划讨论会；5月16日至5月27日，前往澳大利亚参加国际生物材料大会；6月1日至6日，参加两院院士大会……

除去这些特殊的活动，每周一至周五，早上8时他一定会准时出现在国家自然科学基金委的办公室里，下午16时才回家。

他，就是第5届光华成就奖得主、著名的材料学家、两院院士师昌绪。

"绝非一个聪明人"

师昌绪在中国科学界功勋卓著、德高望重：在中国科学院沈阳金属所工作近30年，作为创始人之一，开创了我国高温合金、无镍铬耐热、低温钢和接近使用条件下的材料性能研究领域，领导研制出中国第一代铸造空心涡轮叶片，开发了多种新材料并推向应用，被业界亲切地称为“材料医生”；1984 年，师昌绪调任北京，先后担任中国科学院技术科学学部主任、国家自然科学基金委副主任，筹备成立中国工程院并担任副院长，为整个国家的科学事业而奔忙。

师昌绪在总结自己的人生道路时用了四句话：智慧、体魄是基础，勤奋、进取是动力，素质、品德是保证，环境、机遇是条件。他人生的每一步无不印证着这些道理。

1920 年 11 月 15 日，师昌绪出生在河北省徐水县大营村一个“忠厚传家久、诗书继世长”的大家庭里。大营村北距县城 10 公里，南距保定城 15 公里，村西 500 米便是京广铁路。进入民国后，此地不是战场，就是大兵过境，以致家道艰难。师昌绪有一个近 40 口人的大家庭。他的父亲是清末秀才，既有浓厚的儒家思想，又有强烈的爱国意念，母亲出身于破落的官宦之家，知书达理、勤劳善良。在这样的家庭里，师昌绪养成了不少好习惯和对人宽容的性格。

师昌绪在自己 80 岁生日时写过一篇自述，其中谈到自己“智慧平平，绝非一个聪明人”。那是北伐成功后不久，师昌绪还在上小学二年级，老师要求在一天一夜后背诵“总理遗嘱”，全班绝大多数同学都背出来了，但他却因为背不出来而被罚站。虽非聪明，师昌绪却深知勤奋是关键，1929 年转入徐水县城模范小学读书，学习十分刻苦，最后四年级毕业时统考名列第一。师昌绪的弟弟师昌纶回忆说，当时自己和师昌绪同去县城第一高小上学，一些老师和高班的同学听说自己是师昌绪的弟弟时都另眼相看，原来哥哥在学校里功课十分出色，在师生中是有口皆碑的。

当记者问起关于这个“不聪明”的总结时，师昌绪立即从沙发上站起来，走进书房拿出几页稿纸说：“你们看，说是科学家，可我到现在都不会用电脑，要写什么东西都是先拿笔写出来，再让秘书帮忙打出来。可不是不聪明嘛！”

向艾森豪威尔叫板

从徐水县第一高小毕业后，师昌绪考入著名的保定师范。1937年抗日战争爆发后随家人来到河南。1940年，师昌绪中学毕业，独自步行到陕南，考入西北工学院矿冶系，开始了自己“科学救国、采矿救国”的道路。毕业后，师昌绪来到资源委员会所属的四川电化冶炼厂，从事炼铜方面的技术工作，并在1946年考上出国资格，1948年赴美留学。

异国求学的历程对于师昌绪来说还算顺利：1949年5月拿到密苏里大学矿冶学院的硕士学位，1952年6月又拿到圣母大学冶金系的博士学位。与之相比，回国的历程简直就像一场战争。

师昌绪的老朋友、中国科学院院士李恒德回忆说，1950年朝鲜战争爆发。到了1951年9月，美国司法部就明令禁止学习理工医学科的中国留学生离开美国回中国，师昌绪是明令禁止回到中国的35名中国学者之一。禁令说，如有违犯或企图离美者，处以5年徒刑或5000元罚款，或二者兼施。有人被突击搜查，有人被长时审讯，有人甚至被关押起来。

1954年5月和6月间是争取回国最紧张的日子，留美学生除了和中国日内瓦会议代表团联系，转交给周恩来总理信件，还按计划给时任美国总统艾森豪威尔写一封公开信，要求他撤除禁令，让他们回到祖国。当时，大家一起分工，把最烦琐的印刷任务交给了师昌绪，当年投出的给美国报界、议员、民众团体的20封信无不经过他手。

当时的师昌绪刚刚获得博士学位，在麻省理工学院著名的金属学家

M·科恩 (Morrie Cohen) 教授指导下从事博士后研究。他的研究工作是关于硅在超高强度钢中的作用研究。这项研究后来直接服务于美国空军，从其工作基础上发展出来的 300M 超高强度钢成为 20 世纪 60 年代到 80 年代世界上最常用的飞机起落架用钢，解决了过去飞机起落架常因断裂韧性或冲击韧性不够而发生事故的问题，现已立足中国生产。

即便工作上成绩喜人，但师昌绪却坚持回国。当时《波士顿环球报》的一位记者采访了他。师昌绪和记者谈笑风生，谈话内容却东拉西扯。他说自己想回家，而且必须回去奉养父母。他的哥哥在电信单位工作，薪金只够勉强养活自己的妻子和三个孩子。他总是被哥哥责怪说不想回家尽孝。师昌绪还说自己还没结婚，特别想回家说服父母让自己挑一个媳妇。

“我这个人没有什么政治见地，只要能尽到奉养父母的责任，别的我都不计较。”师昌绪和记者的谈话真真假假，朋友们看见无不忍俊不禁，但无论怎样，都掩盖不了他骨子里“敢于向艾森豪威尔挑战”的坚毅。

材料医生

1956 年回国后，师昌绪被分配到中国科学院金属研究所工作，开始了在沈阳工作的 30 年。那时的他一心想为国家做一些对经济建设有实际效果的工作，从 1957 年起便负责金属研究所“合金钢与高温合金研究与开发工作”。

高温合金是当时航空、航天与原子能工业发展中必不可少的材料。师昌绪从中国既缺镍无铬，又受到资本主义国家封锁的实际出发，提出大力发展铁基高温合金和高合金钢的战略方针，同时提出稀土元素是中国丰产元素，也应在高温合金中得到应用。

在沈阳的30年，师昌绪留下了数十项传世之作，其中最重要的便是铸造气冷空心涡轮叶片。

20世纪60年代初，各国为了大幅提高航空发动机的燃气温度，必须采用冷却新技术，而研制出空心叶片是关键的关键。1961年，美国掌握了铸造空心涡轮叶片技术并投入使用。1964年，围绕使国产歼—7飞机提高档次的问题，发动机设计师和材料工程师们展开了异常激烈的辩论。航空研究院主管材料与工艺的副总工程师荣科教授大胆提出了“采用空心涡轮叶片以提高涡轮工作温度”的方案，师昌绪则承担起空心涡轮叶片的研制工作。

当时一共有三大孔变形加工、三大孔机械加工和九小孔铸造三种方案，师昌绪挑了其中最难，但最有生命力的九小孔铸造方案。这个方案冷却效果最大，不需要大型机械设备，利用现有条件便能上手开展研究。讲起那时的情形，师昌绪说：“当时，美国的技术属高度机密，别说没见过空心涡轮叶片，就连听都没听说过。可是既然有了答案，我们也一定能做出来。”

师昌绪很快组织起包括研究所、发动机设计所(606所)和发动机制造厂(410厂)共100余人的三结合攻关队伍，和大家一起日夜奋斗在金属所简陋的精密铸造实验室。研制过程中，他们遇到了许多技术难题。如型心材料的选择，因在近100毫米长的叶身中要均匀地排列粗细不等9个小孔，最细的直径仅0.8毫米，而在侧面进气口处还要有一个弯角。这种空心叶片比美国生产的从底部进气的短叶片型芯制作工艺要难得多。

究竟采用何种材料制作型芯？他们查阅了很多文献都不得要领。最后，师昌绪从一本美国杂志上刊登的一幅出售不同规格的细石英管的广告中得到启示，认定这就是制作空心叶片型芯的石英管，从而打败了这只拦路虎。仅用 1 年多时间，我国铸造的第一代多孔空心叶片便诞生了。经过“吹风”试验与发动机厂试车，证实了空心叶片比实心叶片的表面温度降低了 100℃以上，满足了设计要求。

1965 年，空心叶片技术完全被攻克，我国成为继美国之后，世界上第二个采用铸造空心涡轮叶片的国家。直到 20 世纪 90 年代，我国主要歼击机发动机仍采用该工艺制作涡轮叶片，而且向国外出口。

值得一提的是 20 世纪 70 年代初，在 410 厂已得到推广的空心叶片要转产贵州 011 基地，航空工业部要选派一小分队前往。那时，师昌绪在“文化大革命”中备受折磨刚刚结束，但他毅然前往，在当时生活最困难的贵州 170 厂一住就是几个月，从叶片制造到技术条件的制订，日夜以继，感动了与他们共同战斗的职工。空心叶片从实验室研制成功到大量生产共经历了 10 年。在他指导下研制的无镍不锈钢和铁猛铝低温钢，都经历了 10 年以上的不懈努力。

为了高温合金的推广与生产，师昌绪走遍了全国的特殊钢厂和航空发动机厂，解决生产中出现的实际问题，被人们称为“材料医生”。

杰出的战略科学家

和做某个领域的科学家相比，要当好一位战略科学家似乎要难得多。当了十余年金属所的副所长、所长，其间还创建并担任腐蚀所的领导职务，师昌绪笑称自己的头发就是在同时担任两个所的所长时被折腾光的。他在 1983 年卸任来到北京，扮演起管理者和决策者的角色，成为推动我国材料科学发展乃至整个科学界发展的战略科学家。

1984 年，师昌绪开始担任中国科学院技术科学部主任。他曾在 1986 年的技术科学部学部委员扩大会议上发表了《实现四化必须重视技术科学，技术科学必须面向经济建设》的报告，阐明了技术科学的内涵和性质以及它对国家建设的作用，并对技术科学的发展方向提出了有益的建议。为了促进科研单位与大企业之间的联系，他于 1985 年联合 20 名专家提出加强联系的建议。并于当年召开了有关研究所所长和大型企业负责人的座谈会，为他们牵线搭桥。从此，中国科学院内与技术科学有关的研究所和国内大企业分别建立了业务协作关系，促进了科研成果的推广应用，也推动了企业的技术更新。

此外，师昌绪还主张中国科学院学部委员对国家建设及科技发展的重大问题发挥咨询作用，并在中国科学院技术科学部学部委员扩大会议上提出了相应的建议。

1986 年，国家自然科学基金委员会成立，师昌绪担任副主任之职。为了“稳定军心’，他将户口从沈阳迁到了北京，落在基金委。直到现在，他都是唯一一位将户口落在基金委的院士。

师昌绪对我国科学基金制的建立提出过很多建设性的意见。如基金会应该是一个学术与行政双重性质的机构，因此其下属的各学部的工作人员的专业水平要不断提高；同时提高流动编制的比例，以保证基金会不致变为一个官僚机构。他强调科学研究的创新性。在他的建议下，把“863”计划中新概念部分划归基金会管理，这样可以使全国从事基础性研究工作的科技人员都有机会为我国高技术的发展贡献力量。他对如何加强基础研究，从国家制订政策方面提出过许多建设性意见。他认为，当前基础研究的重点应该放在应用基础研究方面，因为这直接与工农业发展息息相关。

继 1982 年与张光斗、吴仲华、罗沛霖联名提出的“实现四化必须发展工程科学技术”的建议后，1992 年，师昌绪又与王大珩、张光斗、张维、侯祥麟、罗沛霖等联名向党中央、国务院提出成立中国工程科学院，并将很大精力投入工程科学院的筹建工作。1994 年 6 月 3 日，经过两年的不懈努力，中国工程院正式成立，师昌绪任副院长，为工程院的发展壮大立下汗马功劳——当发现 (973) 领域中没有材料时，他写信给科教领导小组，经时任国务院总理李鹏批准，材料才有了应有的地位；他大力提倡在重视新材料的同时，要十分关注传统材料；他发现很多结构材料资源日益枯竭，建议国家科技部应将大力开发取之不尽、用之不竭的镁列为攻关重点；他意识到我国纳米科技的研究与开发将进入无序竞争的状态，上书国务院成立了“国家纳米科学技术指导协调委员会”。如此种种，他提出了大量富有成效的建议，对我国科学技术的发展产生了重要影响。

采访快要结束时，我们执意要见一见师昌绪相濡以沫近 50 年的夫人郭蕴宜，让她谈谈对师昌绪的看法。郭蕴宜不假思索地说，“他什么都好，就是爱管事儿，到现在都停不下来。”

是啊，84 岁，对于任何人来讲都已不再年轻，可他仍在为我国的科技事业呕心沥血，鞠躬尽瘁。很多人劝他，“年纪不小了，该放下的就放下吧。”可他却说:“就是因为年纪大了，才趁着能干的时候多干点儿!”

师昌绪最近刚刚给国家领导人写了一封信，建议在讨论中长期科学和技术发展规划时，应把中国科学院、中国工程院和中国社会科学院的科学家们聚集在一起，三方讨论的最终结果应该才算最科学。听说这个建议正逐渐被有关部门采纳。他也像几十年前一样，继续为中国的科技事业奔走着！

（本文摘自《科学时报》2004 年 6 月 7 日）

研題內外本無分為人最是情意真閑事入心皆學問寄花

一實盡融磨難苦

結果原同根探鋼性辨緣身經歷陶煉識合金一實盡融磨難苦千結夢繞華夏心鷓鴣天致敬師昌緒院士中國高溫合金

千結夢繞華夏心

領域的開拓者和奠基人獲國家科學技術最高獎岳和泉謹錄

朱光亚

Zhu Guangya

2008年

光华工程科技成就奖

朱光亚

（1924.12.25—2011.02.26）

核物理学家，湖北省武汉市人。1980年当选为中国科学院院士，1994年当选为中国工程院院士。

朱光亚1945年毕业于西南联合大学物理系，1949年获美国密歇根大学物理学博士学位。他是我国核科学技术的主要开拓者之一，参与组织领导了我国原子弹、氢弹的研制及历次核试验，为我国核武器事业的创建与发展做出了重大贡献；参与组织领导了秦山核电站筹建、放射性同位素应用开发研究、国家高技术研究发展计划的制订与实施及国防科技与武器装备发展战略研究等工作。1985年获国家科技进步奖特等奖。1999年获“两弹一星”功勋奖章。

朱光亚是第八届、第九届全国政协副主席，国家科教领导小组成员，国务院学位委员会副主任委员，中国科学技术协会主席、名誉主席，中国工程院首任院长、主席团名誉主席，中国人民解放军原总装备部科技委主任。

朱光亚 1999 年 9 月 1 日在北京北海办公室

渔家傲 * 致敬朱光亚

唤众回归情最挚，当年大爱今犹炽。高技万难零起始，雪国耻，心中烈焰复兴志。身献此生一件事，核氢弹爆飞天翅。卫护神州奔盛世，壮青史，功巍华夏如山峙。

自从地球上有了生物的那时起，就开始有信息的产生和存在。人类伊始也离不开信息活动，人类社会的发展更是人类的信息能力不断提高和跃进的过程。但信息真正成为一门科学和技术，还只是本世纪40年代的事。近50年来，由于半导体、计算机和通信技术的飞速发展，以微电子技术为基础的、数字化的信息技术已渗透到科学、技术、生产、文化、艺术和生活的各个领域。

朱光亚

一九九五年十一月二十三日

自力更生铸核盾

我于1950年春从美国回到祖国参加社会主义建设。1955年，我国决定发展原子能事业，我有幸从那时起就参加了这一事业。虽然40多年来工作岗位几经变动，但仍一直在核技术领域学习和工作。中国科学院约我回顾这段不平常的经历，我仅就我国发展自己的核武器技术早期艰难历程中的部分情况作些回忆与介绍，希望能对读者有所帮助。

自力更生 打破核垄断

1955年，中国创建核工业，研制核武器，方针是“自力更生为主，争取外援为辅”。外援来自苏联，包括实验设备、核工业设施的建设和科技人员的培训等。原子能研究所的研究性重水反应堆和回旋加速器两座实验设备就是按照协议由苏联援助建造的。然而时间不长，1959年6月赫鲁晓夫撕毁协议，并于1960年撤回全部在华专家。然而这吓不倒中国人民。党中央决定完全按照独立自主、自力更生的方针发展我国的核武器。

核武器研制是一项综合性很强的大科学工程，需要有多种专业、高水平的科学与工程技术人员通力协作。事实上，早在1958年，二机部领导即着手准备科技人才，由当时在中国科学院近代物理研究所工作的理论物理学家邓稼先主持一个学习班，带着一群刚从大学毕业不久的年轻人，对原子弹的理论进行探索、研究。苏联撕毁协议后，1960年初，王淦昌、彭桓武以及中科院力学研究所的郭永怀等三位著名科学家被调到核武器研究所任副所长。持续吸收优秀人才，加上那几年由全国各大专院校分配来的毕业生和归国留学生，使核武器研制队伍得到充实和配套，从组织上保证了研制工作的顺利进行。

1960年10月，核武器研究所调整机构，成立理论物理、爆轰物理、中子物理、放射化学，金属物理，自动控制，弹体弹道等研究室和一个加工车间，在北京因陋就简地开展研究工作。1962年9月，二机部部长刘杰与核武器研究所李觉、吴际霖等领导研究提出争取在1964年，最迟在1965年上半年爆炸我国第一颗原子弹的“两年规划”。

“两年规划”上报并经中共中央审议批准后，在党中央和国务院的坚强领导下，在全国各有关部门、地区的大力协同和支援下，广大科研人员、工人和干部克服了重重困难，如期实现了预定目标。

1964年12月21日，周恩来总理在第三届全国人民代表大会第一次会议上所作的政府工作报告中，以这次试验为例说明我国自力更生的成就。他讲到我们自己研究、设计、制造的这颗原子弹，同美、英、法试验的第一颗相比，水平要高；实验中所用的上千台（套）设备，绝大部分都是我们自己设计制造的，是高质量的、过得硬的。

两弹结合　装备部队

1963 年 9 月，聂荣臻元帅在听取二机部刘杰、刘西尧、钱三强等领导同志汇报时指示：我们装备部队的核武器，应以导弹为运载工具作为主要发展方向。1964 年 2 月，聂帅进一步指示：两弹结合，即把原子弹装到导弹头上，成为导弹核武器的核试验，应在不妨碍当前任务的前提下妥善安排。我们坚决执行聂帅这一高瞻远瞩的指示，继原子弹塔爆试验和 1965 年 5 月机载核航弹爆炸试验之后，1966 年 10 月，我们又成功地进行了导弹运载核弹头爆炸试验，一步接一步地实现了我国原子弹研制的“三级跳”计划。

原子弹要有　氢弹也要快

1964 年 5 月和 1965 年 1 月，毛泽东主席在听取国家计委关于第三个五年计划和长远规划设想的汇报时，曾两次谈到核武器发展问题，明确指出：“原子弹要有，氢弹也要快”。周恩来总理在我国首次核试验成功后，也提到氢弹研制能否加快一些，并要求二机部就核武器发展作出全面规划。经反复研究后，二机部于 1965 年 2 月向中央专委呈报了《关于加快发展核武器问题的报告》，提出一方面要抓紧原子弹武器化工作，装备部队；另一方面要尽快突破氢弹技术，向战略核武器的高级阶段发展。周总理主持专委会审议并原则同意二机部的规划安排。

氢弹的研制，在理论和制造技术上比原子弹更为复杂。早在 1960 年 12 月，二机部刘杰部长就提出，核武器研究所先集中力量进行原子弹攻关，氢弹的理论探索工作可由原子能所先行一步。按此指示，成立了“中子物理领导小组”，由钱三强所长主持。1964年10月，原子弹首次试验成功后，核武器研究所抽出部分理论研究人员全面开展氢弹的研究。1965年初，这两部分人员在核武器研究所会合，从原理、结构、材料等多方面广泛开展研究。

1966年2月20日，国防科委向周总理、聂帅与党中央、国务院、中央军委呈送了上述安排的请示报告。周总理和聂帅很快批准了这一安排。这时，“文化大革命”开始。为部署、落实这一安排，原定2月下旬在西北核武器研制基地召开计划工作会议。由于地方上的两派发生武斗已影响到基地，会议很可能会受到干扰。聂帅得知这一情况后，通过多种手段，极力保障了工作的正常进行。

1966年底，局势影响到氢弹研制协作任务的进展，中央军委根据叶剑英元帅的提议，发布了“特别公函”，明确指出研制氢弹是中共中央和毛泽东主席批准的重要任务，要群策群力，按时完成，促使各承担协作任务的单位很快研制出急需的仪器设备。

1967年3月，国防科技工业部门仍有许多单位处于瘫痪或半瘫痪状态。聂帅经请示周总理同意，提出对国防工业部门实行军管的建议，毛主席批示“总理照办”。中共中央、国务院、中央军委随即发布了对各国防工业部门实行军管的决定。

由于采取了上述一系列有力措施，保证了1966年底的氢弹原理塔爆试验和1967年6月的百万吨级TNT当量氢弹空爆试验各项准备工作的如期完成。从原子弹到氢弹，按其原理试验的年、月间隔比较，美国是7年3个月，英国是4年7个月，法国是8年6个月，苏联是6年3个月。中国从1960年底开始探索氢弹原理；1964年10月原子弹试验成功后，氢弹攻关力量得到加强，只用了2年2个月，于1966

年底就成功地进行了氢弹原理试验，实现了毛泽东主席提出的“氢弹也要快”的要求。

冲破“部分禁试” 登上新的台阶

回顾过去，还必须提到 1963 年 7 月，美、英、苏三国代表在莫斯科签订的《关于禁止在大气层、外层空间和水下进行核试验的条约》（简称《部分禁试条约》）。这个条约不包括禁止地下核试验。这就是说，美、英、苏等已拥有核武器的国家可以继续通过地下核试验改进和发展核武器，而中国为建立自己的核力量，将开始在大气层进行的核试验却是不符合此条约规定。当时，美国出席莫斯科会谈的代表曾公开称，这次三国所以能够达成协议，是因为“我们能够合作来阻止中国获得核能力”。这就是《部分禁试条约》的实质。为了揭穿这一骗局，在他们签署该条约后，我国政府立即发表声明指出，外国通过签订条约，企图捆住中国人民的手脚，办不到。

地下核试验虽然技术上更复杂，但也难不倒我们。《部分禁试条约》的出笼，更激发我们尽快研制成功我国的核武器，并进而掌握地下核试验技术的决心。遵照周总理的批示和中央专委的决定，在抓紧第一颗原子弹爆炸试验的准备工作、继续完成空投核航弹试验准备工作的同时，我们又开辟了一条战线——地下核试验的准备工作。

核试验从天上转入地下，实际上是核武器研究发展客观需要所决定的。用平洞或竖井方式进行的地下核试验，一是有利于在核装置周围进行精确测量其动作过程与各种性能，还可在爆后钻取核反应产物进行细致分析，从而对其设计方案进行检验；二是可避免放射性沉降造成大范围的环境污染。此外，大气层核试验形成的放射性烟云飘出国境后，国外仍可能收集到样品进行分析，不利于保密。地下核试验能提供的仅是地震信号，国外只能从其震级对核弹的爆炸当量作出粗略判断。

1986 年 3 月 21 日，我国正式宣布，从那时起将不再进行大气层核试验。1996 年 7 月 29 日进行又一次地下核试验后，我国正式宣布暂停核试验。

从 1964 年我国首次核试验算起，到 1996 年共进行了 45 次核试验，其中半数是地下核试验；同其他核国家相比，次数是最少的，成功率、效益是相当高的，在辐射安全方面也是相当好的。正是由于我们十分重视人民的健康安全，并坚持不懈地抓了辐射安全工作，在我国的 23 次大气层核试验中，都没有出现什么问题。

历史经验　继承发展

我们能够取得这样的成绩，是由于在党和政府高度集中统一的领导下，注意抓了以下各点。

严肃认真，万无一失。从我国第一次核试验开始，党中央就成立了由周总理牵头的十五人专门委员会。在许多重大问题上都做了两手准备。在某些环节上定了保险系数，留有必要的余地。试验前还组织了预演，反复查缺点，补漏洞，力争把一切可以预见的、应该回答的问题都予以解决，保证一次成功。当时任核武器研究所副所长的彭桓武说得好：“一次成功，是一个正常标准，是我们事业本身的特点所决定的。”后来的试验都力求达到这一标准。

大力协同，攻关会战。核武器研制与试验是一项规模大、技术复杂、综合性强的系统工程。1962 年 11 月 3 日，毛泽东主席批准成立中央

15 人专门委员会时就明确批示“要大力协同做好这件工作”。据统计，全国先后有 26 个部（院），20 个省、市、自治区，包括 900 多家工厂、科研机构、大专院校参加攻关会战。仅中国科学院就有 20 多个研究所承担了大量科研项目协作攻关。

为加强领导，及时协调解决研制中的具体问题，二机部和中科院刘杰、钱三强、张幼夫、裴丽生、刘西尧等领导同志还组成了协作小组，及时解决研制中的具体问题。特别是当时核试验的内容与目标几乎是次次有所不同，前后两次试验间隔的时间又短，准备时间相当紧张，各有关单位仍然是相互谅解，大力协同，发挥了社会主义大协作的优势，保证了各次任务的胜利完成。

发扬民主，群策群力。核武器研制与试验既是新鲜事物，需要刻苦钻研、攻关，又因其专业繁多，相互联系复杂，必须在工作中注意发动群众出主意，想办法；要注意发挥专家和科技人员的智慧与作用，群策群力，在集中指导下发扬民主，在民主基础上进行集中，保证各项任务的顺利完成。

总结经验，不断提高。每次核试验结束以后，我们都要进行总结，同试验前一样，要求在总结中也不要放过任何一个小问题。有时还结合前一次或过去的经验一起总结，努力做到得出一些带规律性的认识，有所发现，有所创新，有所前进，用以指导下一次试验的设计、加工以及包括诊断技术在内的各项准备工作。

一次试验，多方收效。我们坚持在每次试验中都注意从科学、技术与国防建设的需要出发来安排试验项目。既有主要项目，也有次要项目，并对以上项目反复论证、审查，做到一次试验，多方收效。如有可能，有的核试验还努力做到“两次并成一次”，少花钱，多办事，既节省了经费，又争取了时间。

当前，核力量的战略地位没有变，仍然是各大国军备竞赛的主要方面，只不过已从发展数量转向提高质量，暂停核试验后仍在继续进行次临界实验，研究开发计算机模拟仿真技术，并大力开展以强激光为代表的定向能等新型武器的研究。对此，我们决不能放松警惕，应坚持并发展已有的成功经验，努力做好我们的工作，为增强我国综合国力，维护世界和平继续作出努力与贡献。

大师印象

淡泊名利的两弹一星元勋

齐殿斌

“您一生淡泊名利，无私奉献，谦虚谨慎，勤勤恳恳，对祖国和人民无限忠诚，对科学精益求精，是科学家的榜样，也是年轻人的榜样。”温家宝拉着83岁的朱光亚的手，对这位相识20多年的中国科协原主席给予了高度评价。

朱光亚在任中国科协主席的5年间，组织广泛开展了国内外科技交流活动。高潮透露，这5年间，近100个各类学会、协会组织各种交流活动累计达12800多次，交流各类论文70多万篇。

2007年8月3日下午3时许，时任中共中央政治局常委、国务院总理温家宝来到著名物理学家朱光亚家，看望这位曾经在我国原子弹、氢弹研制中有过突出贡献的“两弹一星功勋奖章”获得者。

朱光亚是中国核科学技术主要开拓者之一，在中国核武器事业的发展中作出了卓越贡献，被誉为“奋力挺起民族脊梁的‘两弹一星’功勋科学家”。他在中国科协主席岗位上的杰出贡献，也受到了人们的普遍赞誉。

在中国科协成立50周年来临之际，记者分别专访了中国科协原党组书记、书记处第一书记、现任中国老科技工作者协会副会长高潮和中国科协原办公厅副主任、调研室主任吴伟文。作为那段历史的见证人，他们向记者生动介绍了朱光亚对中国科协建设和发展的独特建树。

作为朱光亚的老部下和同事，高潮首先回忆了朱光亚当选中国科协主席的情形。他说，朱光亚和钱学森同时到国防科委工作，两位著名科学家始终在一起共事，为中国科技特别是国防科技作出了杰出的贡献。钱学森担任了第三届科协主席。到1991年第三届科协要换届的时候，包括朱光亚在内的许多同志建议，请钱学森继续担任科协主席，但钱学森提出："我认为下一届科协主席由光亚同志担任比较合适，这也是中国科技界所期望的。"于是，1991年5月，在中国科学技术协会四大选举产生新一届全委会后，朱光亚众望所归，被选为中国科协第四届主席。

坚持科协的正确方向

钱学森任中国科协主席期间，对中国科协的性质、职责、发展方向等问题，从系统学的角度进行了深入的研究，形成了一套完整的系统理论——"中国科协学"，并以此指导中国科协的建设和发展。

朱光亚担任中国科协主席的5年任期，正值我国经济体制由计划经济体制向社会主义市场经济体制转变的时期，出现了在发展社会主义市场经济条件下科技工作和科技工作者团体的价值观问题。有的同志片面地认为，既然要建立社会主义市场经济体制，那就一切都要以经济效益和市场价值来衡量。按照这样的价值标准，自然科学的基础研究以及科协从事的科学普及等社会公益性的工作就很难存在。

朱光亚感到，在事关科协性质宗旨和政治方向的大问题上，应当在中国科协一年一度的全国委员会会议上，向整个科协系统乃至科技界和全社会发出声音。在 1992 年初举行的四届二次全委会议上，他在代表常委会所做的工作报告中提出："我们的最大优势，就是作为科技工作者自己的群众组织，能够最广泛地团结和联系全国各地区、各民族、各条战线、各类岗位、各种年龄的科技工作者，这是我们能够履行自己职责的根本基础和条件。我们应当无比珍视这一优势，把这一优势最充分地发挥出来"。

1993 年初，四届全委会举行第三次会议，朱光亚在工作报告中提出，中国科协应当成为"促进社会主义现代化建设、民主政治建设和精神文明建设的一支重要社会力量，能够对成员提供有效服务和维护合法权益的科技工作者之家"，提到要使科协的影响力、凝聚力和经济实力协调发展。

1993 年秋天召开的中共十四届三中全会通过了《关于建立社会主义市场经济体制若干问题的决定》。在 1994 年初召开的中国科协四届四次全委会议上，朱光亚在常委会报告中提出要"全面理解科技工作和科技群众团体工作的价值标准"，强调对基础研究"不能用市场经济的价值标准来衡量其工作成效"，科协工作"要防止把市场经济与公益性原则对立起来"，要"既适应社会主义市场经济发展，又符合科技团体自身发展规律"，"始终牢记科协是科技工作者的群众组织和党领导的人民团体，不同于社会上的一般科技实体或公司"。

在经济体制转轨的大形势面前，朱光亚按照党的路线方针政策去分析把握科技群众团体所处的方位和应尽的责任，对坚持科协的性质和正确方向发挥了重要作用。

发挥科协的桥梁纽带作用

由于中国科协是“科联”“科普”合并成立的，因而长期以来，在许多科协组织中存在着在抓学术交流、科学普及和发挥人民团体的“桥梁”“纽带”作用之间“一手硬，一手软”的问题，使建设“科技工作者之家”长期停留在口头上和文件中，也使社会上不少人误认为科协只是一个科技工作部门。

1991 年，中央决定中国科协由中央书记处直接领导（以往是“中国科协由中央书记处领导，由国家科委党组代管”），指定由当时的书记处书记温家宝负责联系，并恢复了中国科协作为全国政协组成单位的地位。

在 1993 年的机构改革中，传来了将中国科协由中央书记处改划国务院领导的消息。朱光亚与科协党组、书记处同志进行研究，主持召开了主席、副主席办公会议，并按照温家宝同志的意见致函江泽民、胡锦涛同志，力陈科协应继续定位于党群工作行列，由中央书记处领导。1995 年，在中央下发的中国科协“三定”方案中，终于维持了原有体制，避免了一次“震荡”。

温家宝同志第一次来到中国科协就提出“要发挥党领导下的群众团体的桥梁和纽带作用”。什么是“桥梁和纽带作用”呢？他说，就是通过你们这个群众团体，使党的路线方针政策得到落实，同时将科技工作者的建议、意见或呼声反映给中央书记处。朱光亚非常认真地落实中央书记处和温家宝同志的要求。

1994 年，针对国家科技体制改革的有关问题，朱光亚主持中国科协进行认真调查，向中央书记处上报了 300 多位院士和科技单位负责人对这个问题的看法和意见。

在 1996 年 5 月举行的中国科协第五次全国代表大会上，朱光亚代表第四届全国委员会向大会作工作报告，提出“新时期加强党对科协领导的根本目的和核心内容，是更好地通过各级科协的桥梁和纽带作用，广泛团结、动员全国各民族科技工作者，为实现党和国家的中心任务而奋斗”，“要引导各级科协组织和广大工作人员不仅从科技工作的全局，更要从党的群众工作大局出发，全面认识和把握科协在全党全国工作大局中的地位和作用”，“自觉地把科协放在党的群众工作大局和国家现代化事业的大局中，在履行人民团体职责和发挥国家发展科技事业重要社会力量作用这两个方面把握科协工作”。

这次代表大会还对中国科协章程做了修改，在事关科协性质的第一条中，将科协是“党和政府发展科学技术事业的助手”的表述修改为“国家发展科学技术事业的重要社会力量”。

这些论述和对章程的修改，从理论上、政策上阐明了必须从党的群众工作和国家科技工作两个方面全面理解和把握科协的性质、宗旨和任务，弄清了作为人民团体的科协与政府的关系，以及与作为行政机关的科技部门的关系，对于科协在党的领导下独立自主、主动负责地开展工作，在中国特色社会主义事业中积极发挥作用，具有十分重要的现实意义和深远的历史意义。

科协不能变成官僚机构

朱光亚十分珍视老一辈科学家在旧中国艰难环境和条件下开创的民主办会宝贵经验，努力使之在新的历史条件下得以继承和发扬。

在中国科协四届二次全委会议上，他就提出要“处理好科协机关逐级负责的运行机制与民主办会、搞好服务的关系，把二者统一到建好科技工作者之家上来”。

在四届三次全委会议上，他引用了方毅同志 1983 年关于“科协是科学技术工作者的群众团体，在性质上它既不是党的组织，更不是行政职能部门……千万千万要注意，科协不要变成行政化、官僚化的机构”的告诫，以及钱学森在主持中国科协第三届全国委员会工作期间关于坚持民主办会原则，充分发挥科技工作者在团体中的主体作用的要求。

在四届四次全委会议上，他提出要克服行政化倾向，摆正机关与团体的关系，真正做到对党政领导负责与对科技工作者负责相统一。

在 1996 年的中国科协“五大”上，他作为即将卸任的主席，谆谆嘱托科协系统广大专、兼职工作人员“认真研究和把握群众团体的工作特点和规律，自觉地置于常务委员会的领导之下，认真执行代表大会、全委会和常委会的决议和决定，正确处理在科协机关内部实行逐级负责制与在团体中坚持民主办会、突出科技工作者主体地位的关系，改进机关作风，防止和克服行政化倾向，竭诚为全委会、常委会服务，为学会、下级科协和广大科技工作者服务”。

朱光亚这一系列关于民主办会的论述，是科协及所属学会改革和发展的宝贵财富，对建设中国特色科技工作者团体产生深远的影响。1994 年 3 月 16 日，朱光亚代表中国科协界委员在全国政协八届二次会议全体大会上作了题为《社会主义市场经济、民主政治和精神文明呼唤全社会切实尊重科学》的大会发言，博得全场多次长时间的掌声。

这个发言对发展社会主义市场经济进程中出现的多种不尊重科学、不尊重人才的现象以及打着科学的旗号进行欺诈的伪科学行为进行了揭露和抨击。特别是针对汪诚信等 5 位科技专家因宣传科学灭鼠而被有关法院一审宣判败诉的严重事件，代表中国科协严正表示坚决支持 5 位专家上诉，有力维护了科学的尊严和科技工作者的合法权益，在科技界、司法界引起了强烈的反响。在这次会上，朱光亚同志当选为全国政协副主席。

倾心支持青年人才成长

朱光亚作为一位德高望重的老科学家和科技界的领导人，十分关注我国科技事业后继有人、兴旺发达，对扶植青年科技人才成长不遗余力，倾心支持。

在钱学森任中国科协主席期间，设立了“中国科协青年奖”，后改名为“中国青年科学奖”。钱学森提出“就是要奖励那些很有前途的年轻人”。高潮说，现在许多科技界领军人物，都是那时候获得“中国科协青年奖”，比如白春礼、冯长根、陈章良、赵忠贤、陈竺等等。

在朱光亚任中国科协主席的 5 年间，1992 年至 1995 年，中国科协举办了由青年科技工作者组织和主持的首届和第二届青年学术年会，共有 1600 多名科技工作者参加，之后在各省还召开了青年学术会议；从 1995 年开始，又举办了多期由青年学者自己主持的“青年科学家论坛”，得到了中央和海内外青年科技工作者的普遍欢迎与肯定。

在 1992 年 4 月 25 日举行的首届青年学术年会开幕式上，朱光亚以年会主题“科技增强国力，青年开创未来”为题发表讲话，深情地对与会青年学子表示：“相信你们将无愧于我们的伟大事业，无愧于我们的时代。希望当你们在 21 世纪采撷的时候，人们会说，这是他们最光荣，最美好的时刻。”

在1995年6月12日青年科学家论坛开幕式上，朱光亚又以科技界的先辈李四光、周培源、钱学森关于坚持贯彻“百花齐放、百家争鸣”方针的论述来勉励青年科技工作者。如今，参加过青年学术年会和青年科学家论坛的许多青年专家已成长为我国科技事业的骨干，朱光亚语重心长的教诲和期望，永远是激励他们向科学高峰攀登的强大动力。

时任国务院总理温家宝2007年8月3日看望朱光亚时，除高度评价他“一生淡泊名利，无私奉献”外，还说到，“您在中国科协那些年非常重视年轻人才的培养，组织青年科学家讨论会，一年一次”，代表党和国家对中国科协原主席朱光亚的工作给予了崇高褒奖。

大力推动科技交流活动

1992年5月，为祝贺周培源90华诞，中国科学院和中国科协联合举办了一次中国当代物理学家联谊座谈会。严济慈、周培源、赵忠尧、汪德昭、王淦昌、吴大猷、任之恭、吴健雄、王承书、王大珩、马大猷、彭桓武、黄昆、杨振宁、李政道、朱经武等海内外几代物理学家聚集于钓鱼台芳菲苑，张文裕和钱三强由于病重（均于当年去世）而遗憾地缺席。由于中国科学院院长周光召因公出国，时任中国科协主席的朱光亚代表两个主办单位主持了这个具有历史意义的盛会。

整个活动分为3个阶段：第一阶段是座谈会，李政道先生作为现场主持人邀请在座的物理学界前辈回忆了中国物理学的发展历史；第二阶段是在草坪上合影，党和国家领导人江泽民、杨尚昆、李鹏、宋平、王兆国、温家宝同志同全体海内外与会者亲切会见；第三阶段是晚宴。

朱光亚在晚宴开始时代表主办单位致辞，概括了这次盛会的3个特点：一是从时间跨度讲，在座有好几代物理学家，象征物理学界群星辈出，兴旺发达；二是从空间跨度讲，是海峡两岸和海内外物理学界的历史性聚会；三是党和国家领导人的会见，再次表达了对发展我国科技事业的高度重视，对科学家的极大尊重。因此，世纪之交的这次活动，将载入中国物理学乃至中国科学技术的史册。

关注科学道德建设

朱光亚是在担任国防科工委科技委主任、身负领导和组织国防科技事业重任的情况下兼任中国科协全国委员会主席的。在日理万机之余，他对科协工作仍不懈怠，始终兢兢业业，极端负责，认真履行职责。

朱光亚除主持每年一次的全国委员会会议和每季度一次的常委会会议及不定期举行的主席会议外，对科协书记处和机关呈送他的请示和重要文件，他都拿起铅笔作仔细修改、补充，提出自己的看法和意见，无论增补重要内容、删改原稿中不恰当之处，还是使原稿用词更为准确、行文更为顺畅，处处都体现了一位老科学家实事求是、严谨负责的科学精神和工作作风。

高潮回忆说，光亚同志对文字特别讲究，许多文稿他都要亲自动手修改。经常要改三分之一，甚至二分之一。吴伟文也回忆说，他还通过打电话或让秘书通知我到他的办公室询问有关情况，对文件提出修改意见。“这种平易近人、热诚助人的亲切态度，使我因有幸得到他的教诲和指导而感动不已，成为激励我和同志们精益求精做好工作的极大动力。”

朱光亚还特别关注学风道德建设。在任科协主席期间的 1994 年 6 月 3 日，他当选为中国工程院首任院长。在就职讲话中，他呼吁工程院院士“团结全国广大工程技术人员，同中国科学院全体院士加强合作，在整个科技界发扬科学精神和优良学风，树立高尚的职业道德，努力促进科技进步，攀登科技高峰……”

同时，他还极力主张并支持设立了中国工程院科学道德建设委员会。该委员会成立后，分别于 1997 年、1998 年先后制定了《中国工程院院士增选工作中院士行为规范》和《中国工程院院士科学道德行为准则》，并开展了卓有成效的工作，在全国科技界引起了热烈反响。

朱光亚 1996 年后担任中国科协的名誉主席，对科协工作仍十分关心和支持。

（本文转自人民网）

大师印象

鞠躬尽瘁只为核

幼年时的朱光亚，跟随父母从宜昌经沙市迁回汉口。1931 年后在汉口第一小学、圣保罗中学学习。1938 年，抗战全面爆发后的第二年，刚刚初中毕业的朱光亚和两个哥哥被迫转移到四川，先后就读于合川崇敬中学、江北清华中学、重庆南开中学。1941 年重庆南开中学毕业。

在重庆南开中学的一年半，朱光亚受益于数学、物理、化学老师的教育、培养，开始对自然科学有了美好的憧憬；特别是魏荣爵老师（现南京大学教授、中国科学院院士）讲授的物理学，使他产生了浓厚的兴趣。1941 年他考入中央大学（现南京大学）物理系。讲授大学一年级普通物理学的是刚从美国留学回来的赵广增教授（抗战胜利后任北京大学教授、物理系主任）。赵教授深入浅出的讲课和介绍学科前沿的课外辅导，使朱光亚受到了物理学科新发展的熏陶。

1942 年夏天，当时昆明西南联合大学在重庆招收大学二年级插班生。在朱光亚几位南开校友的关心和帮助下，他报名应试，顺利地转学西南联大。从大学二年级起，他先后受教于周培源、赵忠尧、王竹溪、叶企荪、饶毓泰、吴有训、朱物华、吴大猷等教授。众多名师的栽培，使朱光亚学业有了较坚实的基础。1945 年抗日战争胜利时，他从物理系毕业后留校任助教。

1946 年，吴大猷教授得到一笔经费赴美国研究、讲学，可有两名研究生随行。吴大猷选了李政道和朱光亚。1946 年 9 月，朱光亚进入美国密歇根大学研究生院。

在密歇根大学学习的第二年，朱光亚在年轻的核物理学家 M.L.Wiedenbeck 副教授的指导下从事核物理实验研究，发表了《符合测量方法（I）β 能谱》《符合测量方法（II）内变换》等论文，在核物理这门当时迅速发展的尖端学科里留下了自己的足迹。1949 年秋，他通过了博士学位答辩。1950 年春，他从美国回到祖国，投入到新生共和国创业的热潮之中。

回到祖国后，朱光亚担任北京大学物理系副教授，为大学生开设普通物理、光学等课程，把自己学到的知识毫无保留地奉献给中国物理学的年轻一代。

1952 年 12 月，朱光亚在中国人民志愿军停战谈判代表团秘书处任英文翻译。

1953 年 1 月，全国院校调整，朱光亚接受组织安排调往东北人民大学（现吉林大学），在新建的物理系任教授。

1956 年，新中国决定发展自己的原子能事业。这年，朱光亚参与筹建近代物理研究室（1957 年划归北京大学），担负起为中国培养第一批原子能专业人才的重任。这批毕业生在六七十年代，都已成为我国核事业发展的骨干力量。

两年后，朱光亚被调到核工业部原子能研究所任室副主任，参与由苏联援建的研究反应堆的建设和启动工作，并从事中子物理和反应堆物理研究，发表了《研究性重水反应堆的物理参数的测定》等研究论文。随后，他领导设计、建成了轻水零功率装置并开展堆物理实验，跨出了我国自行设计、建造核反应堆的第一步。

20 世纪 50 年代末，中国被迫完全依靠自己的力量发展核事业。朱光亚这位物理学博士被任命为我国核武器研制的科学技术领导人。年轻的朱光亚以全部的精力和智慧，投入到了庄严的事业之中。当时他年仅 35 岁。

核武器研制工作是一项综合性很强的大科学研究工程，朱光亚对这项研究在科学技术方面负全面责任。他亲自参加领导与指导了研制任务的分解、确定应该研究的主要科学问题和关键技术、选择解决问题的技术途径，设立课题并制定重要攻关课题的实施方案等。

在原子弹研制的关键时刻，朱光亚出任 4 个技术委员会之一的中子点火委员会副主任委员，同主任委员彭桓武、委员何泽慧等一起指导了几种不同点火中子源的研制与选择，并协同冷试验委员会研究确定点火中子综合可靠性的检验方法等关键课题的攻关。由于他善于在综合各方面（理论、实验、工程及当时的实际条件）的情况和意见基础上作出正确的科学判断，使这些课题都能在较短时间内顺利解决。他主持起草的《原子弹装置科研、设计、制造与试验计划纲要及必须解决的关键问题》是当时我国原子弹研制科技工作的重要纲领性文件，对我国在当时科学、工业基础薄弱的条件下，很快完成第一个原子弹装置的研制起了重要作用。

朱光亚主持起草的《原子弹装置国家试验项目与准备工作的初步建议与原子弹装置塔上爆炸试验大纲》提出了将核爆炸试验分两步走，第一个装置先以地面塔爆方式，然后以空投航弹方式进行的方案，不但提前了我国第一次原子弹爆炸的时间，更重要的是能安排较多的测试项目，用来监视原子弹动作的正常与否，检验设计的正确性。这个大纲在第一颗原子弹研究及试验中起了十分重要的作用。

1964年10月16日，一朵黄褐色的蘑菇云在中国西北戈壁滩腾空而起，中国自行研制的第一颗原子弹爆炸成功的消息震惊了全世界。中国从此进入了世界核武器国家的行列。塔爆半年后，我国就爆炸了第一枚空投航弹，两年后又试射了第一枚载带核弹头的导弹，发展速度是世界上最快的。

在第一颗原子弹爆炸成功前，在核工业部副部长钱三强的精心安排下，氢弹的理论探索就已经在原子能研究所开始了。1965年初，这个研究小组被调到核武器研究所，同这里的研究人员一起攻关。在朱光亚、彭桓武副所长指导下，由邓稼先、周光召、于敏组织理论研究人员和有关专家，经过认真总结分析，制定了探索氢弹的理论研究计划。经过大家半年多的刻苦钻研、群策群力，找到了问题的关键。1966年12月28日，在我国热核武器发展史上有着非常重要意义的氢弹原理试验获得圆满成功。1967年6月17日，我国第一颗氢弹爆炸成功。

20世纪60年代中期，朱光亚就认识到将核试验转入地下，无论从减少放射性污染的角度，还是从更深入地研究核武器爆炸过程规律的角度，都是很有必要的。地下核试验可以贴近核装置进行精确的物理诊断，这对于研究核爆炸过程，用试验数据验证理论设计、校正数值模拟的方法和参数都是十分有利的。在他的大力支持下，1969年9月23日，我国成功地进行了第一次地下核试验。他还非常重视贯彻“一次试验，多方收效”的方针，主张在一次试验中尽可能多安排一些诊断项目，多解决几个科学技术问题。正是这些做法，使我国能依靠较少次核试验，取得更多的核爆过程的规律性认识，对加快核武器的发展步伐起了关键作用。

1970 年，朱光亚从原核工业部第九研究院调任国防科委副主任。他的工作面越来越宽，在继续负责核武器技术研究与发展的同时，还参与组织了中国第一座核电站——秦山 30 万千瓦核电站的筹建、核燃料加工技术和放射性同位素应用等项目的研究开发。

1982 年，国防科委和国防工办合并为国防科工委，朱光亚先后出任国防科工委科学技术委员会副主任、主任，担负起了全面领导和组织国防科技发展战略研究的重任。他主持的由军内外 200 多名专家参加的“2000 年中国国防科学技术”研究工作，获全军科技进步一等奖。

20 世纪 80 年代中期，作为国务院高技术协调指导小组成员，朱光亚还参与了中国跟踪世界高技术发展的重要计划——“863”计划的制定和实施，并负责其中两个研究领域的指导工作。他指出：高技术的跟踪和发展研究工作，在注意密切追踪国际先进水平、新技术成果和最新的发展方向的同时，必须有创新精神：必须重视高技术发展战略的深化和动态研究，不断地调整研究方向和任务。这些要求和做法已取得了显著的成效，使有限资金用于重要、必需的研究工作中去。

20 世纪 90 年代国际形势发生了很大变化，但是核力量的战略地位还没有变，仍然是我国综合国力的重要标志。我国一贯主张全面禁止和彻底销毁核武器。要实现这一有益于世界和平的崇高目标，道路是艰难曲折的，还需作坚持不懈的努力。20 世纪 80 年代末，朱光亚开始参与有关军控问题的研究与对外学术交流。他在和杜祥琬等人合写的《浅谈军备控制中的物理学问题》一文中，首次提出军备控制物理学作为物理学应用研究的一个新的分支。他为能亲自参与这一关系祖国安全和人民幸福的研究工作而感到欣慰。

1980年，朱光亚被选举为中国科学院数学物理学部委员（后改称院士）。他还先后当选为中国核学会第一届、第二届理事会副理事长、第三届名誉理事长，中国科协第三届全国委员会副主席。1991年5月，在中国科协第四次全国代表大会上，他被推举为中国科协第四届全国委员会主席。在5年任期中，他尽心尽力，为进一步建设与发展中国科协这一有中国特色的最大的科技群众团体做了大量工作。

1994年3月，全国政协八届二次会议选举朱光亚为全国政协副主席。在履行政协职能的工作中，他深知肩负的责任重大。作为科学家代表之一，他呼吁社会主义法制建设要进一步尊重科学，为科技工作者宣传科学、普及科学知识、揭露伪劣商品和虚假广告提供法律保障，使“尊重知识，尊重人才”的社会风气进一步得到弘扬。他身体力行，努力为创造一个尊重科学、尊重科技工作者的良好社会环境而奋斗。

1994年6月，中国工程院成立，朱光亚被推选为第一批中国工程院院士，并当选为第一任中国工程院院长。他带领中国工程院全体院士在社会主义现代化建设中发挥咨询、建议、协同、交流的职能，努力实践，并注意总结与提高，不断学习和借鉴国内外好的经验，积极进取，为我国工程技术事业的持续、快速、健康发展而殚精竭虑。

朱光亚1956年加入中国共产党，先后当选为中共第九、第十届候补中央委员，中共第十一届至第十四届中央委员。他还是第三届至第五届全国人民代表大会代表。先后兼任国务院学位委员会委员、副主任，国家自然科学基金委员会委员、国家自然科学基金委员会杰出青年基金评选委员会主任。

朱光亚是中国核科学技术的主要开拓者之一。40 年来，他一直担任这个军民两用科技领域的重要科技和组织领导工作。在我国核武器发展的历史中，他始终处于高层科技决策的中心，为发展我国的核武器事业和国防科学技术事业作出了突出的贡献。现在他还兼任国家科技领导小组成员，仍在为我国的科学技术发展而执着地耕耘、奉献着。

（本文转自人民网，标题为编者自加）

大师印象

朱光亚，为了这一刻

王建柱

1958年秋，苏联援建的核工业反应堆和加速器正式移交给中方使用，中国第一个综合性的原子能科学技术研究基地诞生了，核梦想在新中国科学技术的腾飞中就要实现了。然而，1959年6月，距中苏签订“国防新技术协定”不到两年时间，苏联背信弃义，单方面撕毁协议，撤走了专家，我国的原子弹科研项目被迫停顿，正在试生产的企业陷于瘫痪，凛冽的寒潮席卷了中国大地。

“自己动手，从头做起，准备用八年时间，拿出自己的原子弹！”毛泽东发出了向国防尖端技术进军的动员令。

1959年7月1日，35岁的朱光亚奉命调到二机部，担任核武器研究所副所长和第四技术委员会副主任，承担起了中国核武器研制攻关的技术领导重担，同时负责点火等主要技术课题的攻关指导工作。他协助副部长钱三强和所长李觉将军，组建机构、调集人员、筹备设施，一支中国核武器的研制大军诞生了。

中苏关系恶化，给我国的原子弹设计工作带来了极大困难。援华苏联核武器专家平时就严密封锁有关核武器的机密情报和关键技术，撤走时又毁掉了所有带不走的资料，使中国的核武器研制陷入了困境。

然而，这些难不倒中国的科学家。朱光亚提出，就从苏联专家所作报告中留下的“残缺碎片”研究起。经过夜以继日的艰苦奋斗，在交织着继承和否定的科学探索中，中国的原子弹设计理论终于有了重大突破。朱光亚作为研究所的主要领导人之一，主要负责全面的科研组织工作，既抓技术指导、业务协调，又抓科研队伍的建设和管理，他那严谨细致、一丝不苟的优良作风，对核武器研制成功起到了重要的保障作用。

考虑到各方面的准备工作，1962 年 9 月，二机部提出了争取在 1964 年下半年或 1965 年上半年爆炸第一颗原子弹的奋斗目标，即有名的“两年规划”。为了尽快操作实施，朱光亚编写了《原子弹装置科研、设计、制造与试验计划纲要及必须解决的关键问题》与《原子弹装置国家试验项目与准备工作的初步建议与原子弹装置塔上爆炸试验大纲》两份纲领性文件，明确提出核爆炸试验应该分两步走：第一步先以塔爆方式进行，第二步再以空投方式进行。后来的实践证明，这是一个切实可行的方案，对于中央正确决策起到了关键作用。

11 月 3 日，毛主席仔细审阅了这份报告，十分高兴地在上面批示:“同意，很好。要大力协同，做好这件工作。”

周总理在听取汇报时亲切地招呼朱光亚：“请坐到前边来！”这是朱光亚第一次面见总理，他在总理对面坐下，激动万分。

当时朱光亚只有 38 岁，身材高大，精力充沛，思维敏捷，谈吐清晰，给周总理留下了深刻的印象。

“讲得很好，很好！”周总理赞赏地对朱光亚说：“核武器研究所的同志们做了大量艰苦的努力，党和人民是清楚的。”

临别的时候，周总理紧紧地握着朱光亚的手，诚挚地说：“请捎个话，毛主席和中央的同志们感谢你们，人民感谢你们，你们要不懈努力！”

1964年10月16日15时整，随着“起爆”那一声铿锵的命令，大漠中骤然闪出一道强光，一朵黄褐色的蘑菇云腾空而起。

成功了！看到这惊心动魄的壮观景象，老成持重的朱光亚激动万分。当晚，在试验基地举行的庆功“宴会”上，他喝得酩酊大醉……

第一颗原子弹爆炸成功后，朱光亚紧接着又开始组织实施机载核航弹爆炸试验和导弹运载核弹头爆炸试验，都分别取得了圆满成功，实现了我国原子弹研制的“三级跳”计划。

根据毛主席“原子弹要有，氢弹也要快”的指示，朱光亚和同事们加快了研制速度。1967年6月17日，我国第一颗氢弹爆炸成功，强烈的冲击波又一次震撼了世界……

（本文选自《人物》2011年2月2日）

大师印象

一生只做一件事

付毅飞　刘　莉

2011 年 2 月 26 日，一场春雪悄然洒向京城。一片肃穆的银色中，我国两弹一星元勋朱光亚走完了 87 岁的人生。

“我一辈子主要就做了一件事。”他曾说。从 22 岁赴美国考察原子弹，到 35 岁成为我国核武器研制的领军者；从见证我国第一颗原子弹、氢弹的爆炸，到全面领导和组织我国国防科技发展战略研究，朱光亚的一生与中国核事业的发展紧紧联系在一起。半个世纪以来，他始终处于我国核武器发展科技决策的高层。在核武器技术发展的每一个重要关键时刻，都凝聚了他的智慧和决心。无论是发展方向的抉择，还是核武器研制和核试验关键技术问题的决策，他都起到了主导作用，为中国特色核武器事业的持续快速发展作出了卓越贡献。

这位传奇科学家虽然已经离开了他始终牵挂的祖国和事业，但他的丰功伟绩和崇高风范，却如同寰宇中那颗明亮的“朱光亚星”，将永远光耀后世。

“中国人要做出原子弹，只能靠自己”

1964 年 10 月 16 日下午 3 时许，大西北的戈壁滩上骤然闪出一道强光，中国的第一颗原子弹爆炸成功。看到半空中正在升腾的蘑菇云，朱光亚潸然泪下，近 20 年的梦想，此时终于实现。

1945 年 8 月，美国在广岛、长崎投下两枚原子弹，加速了日本的投降。这让当时不满 21 岁的朱光亚深受震撼。怀着原子弹之梦，他于第二年随同华罗庚、吴大猷赴美考察。

一行人抵达后，却被当头泼了一盆冷水——美国有关原子弹的各个科研机构均不准许外国人进入。残酷的现实使朱光亚醒悟：美国任何时候也不会帮助中国发展尖端科学技术。中国人要做出原子弹，只能靠自己。

他们决定自谋出路，分别进入美国的研究机构或大学，学习研究前沿科学技术。朱光亚不改初衷，随吴大猷进入密执安大学，从事核物理学的学习和研究。1949 年 6 月，他完成了博士论文，顺利通过论文答辩，获得物理学博士学位。随后他毅然回到祖国，在东北人民大学（现吉林大学）物理系任教，为此后的国防科技事业尤其是“两弹一星”研制培养了大批人才。

1955 年，党中央作出发展原子能工业的战略决策。朱光亚奉调参与筹建北京大学物理研究室，担负起尽快为我国原子能科学技术事业培养专门人才的重任。次年 9 月又调任中国科学院物理研究所中子物理研究室副主任，在所长钱三强的领导下，带领年轻人从事中子物理和反应堆物理研究。

这段时间，他领导设计、建成了轻水零功率装置并开展堆物理试验，为掌握研究性重水堆物理实验技术做了开创性工作，跨出我国自行设计、建造核反应堆的第一步。

然而，1959 年苏联突然单方面撕毁合作协议，随后撤走在华专家，使我国核武器研制工作被迫走上了完全自力更生的发展道路。35 岁的朱光亚临危受命，担任起中国核武器研制的科学技术领导人，为开创中国的核武器事业做了大量艰苦细致的基础工作。

1962 年，我国原子弹的理论设计、爆轰试验、中子源研制等均取得了重大进展。然而由于正值三年困难时期，国内对原子弹研制项目是否“下马”出现争论。9 月，朱光亚等向中央提出了两年内进行我国第一个原子弹装置爆炸试验的“两年规划”。

为进一步分析研究其可行性，他主持起草了《原子弹装置科研、设计、制造与试验计划纲要及必须解决的关键问题》。该文件是当时中国原子弹研制科技工作的重要纲领性文件，对我国在当时科学、工业基础薄弱的条件下，很快完成第一个原子弹装置的研制起到重要作用。

同时，他还主持起草了《原子弹装置国家试验项目与准备工作的初步建议与原子弹装置塔上爆炸试验大纲》，提出将核爆炸试验分两步走，第一个装置先以地面塔爆方式，然后以空投航弹方式进行的方案，不但提前了我国第一次原子弹爆炸的时间，更是能安排较多的测试项目，用来监视原子弹动作的正常与否，检验设计的正确性。这两份至关重要的文件，被誉为“两个纲领性文件”。

11 月 3 日，毛泽东对“两年规划”作出重要批示：“很好，照办。要大力协同做好这件工作。”随后中央召开会议，研究落实“两年规划”，周恩来在会上拉着朱光亚的手说：“请你回去告诉研究所的同志们，主席和中央领导同志很感谢你们！人民感谢你们！你们要不懈地努力！”

1964年10月16日，威力为2.3万吨梯恩梯当量的我国第一颗原子弹爆炸成功！试验结果表明：我国第一颗原子弹从理论、结构、设计、制造到引爆控制系统、测试技术等均达到相当高的水平。这天，朱光亚开怀畅饮，生平第一次也是唯一一次，喝醉了。

接着，他参与组织领导了我国第一颗原子弹、第一枚空投核航弹、首次导弹与原子弹“两弹结合”试验任务，仅用两年时间实现了我国原子弹研制的飞跃发展，使我国成为世界上少数几个独立掌握核武器技术的国家之一。

“他是一位杰出的战略科学家”

“朱光亚不仅是杰出的科学家，还是一位杰出的战略科学家。他一直身处决策层，无论是在发展战略，还是在关键技术方面，都作出了卓越的贡献。”中国工程院院士、核物理学家胡思得回忆说。

早在1963年，正当中国研制第一颗原子弹的关键时刻，美、苏、英三国签订了《关于禁止在大气层外层空间和水下进行核试验的条约》。美国人扬言：“我们能够合作来阻止中国获得核能力。”

三国签订该条约的目的十分明显，就是妄图把中国核武器事业扼杀在摇篮里。遵照周恩来的指示，朱光亚组织调研分析，亲自起草了《停止核试验是一个大骗局》的报告，系统分析了世界几个核大国核武器研发与核试验方面的做法和发展过程，并提出建议：我国不但不能禁试，而且要抓紧时机，尽快将核武器研制成功。

同时，报告还战略性地提出：我国也应该尽快掌握地下核试验技术，因为地下核试验有利于保密和减少放射性污染，还可以取得地面试验难以得到的许多测试数据和资料。

根据朱光亚等人的建议，中央专委会 1963 年 9 月做出决定，在抓第一颗原子弹的同时，把地下核试验作为设计项目。1967 年 10 月底至 11 月中旬，在国防科委领导下，地下核试验准备工作全面展开，经过近两年的艰苦工作，攻克了大量技术难关。

1969 年 9 月 23 日，在朱光亚等人的指挥下，我国首次地下平洞核试验取得圆满成功。1975 年 10 月和 1976 年 10 月，他参与组织领导了我国第二次、第三次地下平洞核试验，1978 年 10 月，又成功组织首次地下竖井核试验。随着我国地下核试验技术日趋成熟，1986 年 3 月，中国政府庄严宣布：“我国已多年未进行大气层核试验，今后也将不再在大气层进行核试验。”

20 世纪 80 年代，中国的核武器技术发展正处于一个重要阶段，而美国核武器的设计水平已接近理论极限，很可能会加快军控谈判进程，促成国际上签订全面禁止核试验条约。

1986 年 3 月，核武器研究院院长邓稼先提出加快我国核试验步伐的建议。时任国防科工委科技委主任的朱光亚也一直在思考这个问题，看到邓稼先的建议后迅速给予支持，向中央领导作了汇报，并亲自参与组织领导了具体规划方案的制定与实施。

1992 年，美国果然提出进行全面禁核试谈判。在关键时刻，朱光亚又向中央领导汇报了“再次加快”的建议和对策。

1996 年 7 月 29 日 9 时，在朱光亚等人指导下，我国又一次地下核试验成功了。当晚，我国向全世界郑重宣布：中国暂停核试验。9 月 29 日，我国政府在第 51 届联合国大会上签署了《全面禁止核试验条约》。而此前中央关于“两次加快”的正确决策，使我国在签署《全面禁止核试验条约》之前完成了必要的核试验，突破了先进核武器的关键技术，不仅中子弹获得里程碑式的成功，而且造就了核武器小型化、武器化的10年辉煌，维护了国家的安全利益。

“我们不能两眼不看世界风云，只顾埋头搞武器研究。”朱光亚说。20世纪80年代开始，他的工作面越来越宽。在国防科技领域，除继续指导核武器和核试验技术研究发展工作外，他还指导了潜艇核动力、核材料技术的研究发展，指导了国防科技与武器装备发展战略研究、武器装备预先研究、国防关键技术报告制定、国家安全重大基础研究等重大工作，提出了许多战略性、前瞻性和创新性的重要思想和建议，为迎接世界新军事变革的挑战，实现我国国防科技和武器装备的跨越式发展作出了重大贡献。同时，按照组织上的安排，他还积极参与了国防高科技向民用转移、为国家经济建设服务，以及“军民结合”发展我国高技术等方面的组织领导工作，特别是在我国核电技术发展、放射性同位素应用开发和863计划制定与实施方面发挥了重要作用。

“默默地工作、默默地奉献”

1991年5月，朱光亚被选为中国科协第四届全国委员会主席。作为中国科技界的领导人，他十分关注我国科技事业后继有人、兴旺发达，对扶植青年科技人才成长不遗余力，倾心支持。

在1992年初召开的中国科协第四届全国委员会第二次会议上，朱光亚指出：“今后10年，现在处于第一线的科技工作者，绝大部分将退出第一线岗位，各个科技领域进一步开拓前进的重任，必将历史地由现在年轻的一代人来承担。如何在这10年为培养和造就大批青年科技人才创造良好的环境和条件，是党和政府非常重视的问题，也是现在老年、中年科技人员十分关注的问题，更是所有青年科技人员翘首以待的大事。”

早在 1987 年，时任中国科协副主席的朱光亚积极支持钱学森的倡议，设立了面向青年科技工作者的“中国科学技术协会青年科技奖”。1994 年，为进一步扩大该奖的影响力，该奖更名为“中国青年科技奖”，由中组部、人事部、中国科协共同组织实施。

中国青年科技奖至今已评选表彰了 12 届。大多数获奖者已成长为各个学科和技术领域的带头人，其中 40 人当选中国科学院院士，28 人当选中国工程院院士，30 多人担任大学校长、副校长，80 多人担任科研院所负责人，20 多人在国际科技组织中担任领导职务。白春礼、冯长根、杨卫、张泽、袁家军、邓中翰等一批获奖者已经成长为中国科技界的领军人才。

在倾心支持青年科技人才成长的同时，朱光亚身正为范，默默用行动作为榜样，以崇高的风范感召他人。

1996 年 10 月，朱光亚获得“何梁何利科学技术成就奖”，奖金为 100 万元港币。颁奖的头一天，他对身边的人说，要把全部奖金捐给中国工程科技奖助基金。捐款后，他还反复叮嘱葛能全千万不要让别人知道。

“这就是父亲，多年来，一直是习惯于默默地工作，默默地思考，默默地奉献，默默地以行动来影响与感召他周围的人。”朱光亚的儿媳顾小英说。

（本文转自《科技日报》2012 年 2 月 26 日）

喚衆同歸情最摯
當年大愛今猶熾
高技萬難零起始
雪國恥心中烈焰
復興志身獻此生
一件事核氫弹爆
飛天翅衛護神州
奔盛世壮青史功
巍華夏如山峙

逸字做然敬和兩弹一星元勋朱光亞院士 滌翁

當年大愛今猶熾

兩弹一星元勋朱光亞院士湖北武漢人核物理学家獲國家科技進步奖特等奖中國工程院首任院長入選感動中國年度人物被誉為中國工程科学界支柱性的科学家 滌翁

潘家铮

Pan Jiazheng

2012年

光华工程科技成就奖

潘家铮

（1927.11.12—2012.07.13）

水工结构和水电建设专家。浙江省绍兴市人。1980年当选为中国科学院院士，1994年当选为中国工程院院士。

潘家铮1950年毕业于浙江大学土木系，长期从事水电站设计、建设和科研工作。他早期设计的流溪河是我国第一座坝顶泄洪的薄拱坝，新安江是我国第一座自行设计施工的大型水电站，并在设计中采用世界上最大的溢流厂房、宽缝重力坝、大底孔导流等新技术并首创抽排理论，大量节约工程量，为提前发电做出贡献。他负责的龙羊峡是我国已建的最高大坝（178m），二滩是世界第三高双曲拱坝（240m），三峡枢纽更是跨世纪的巨型工程。他擅长结构力学，多年来结合实际对混凝土坝和土石坝的分析、地下结构及滑坡产生的涌浪计算等课题作出了系统研究，提出新的理论和计算方法，在水电设计中得到广泛采用。1990年被授予国家设计大师。

潘家铮历任水利电力部总工程师、能源部水电总工程师、中国工程院副院长、国家电网公司高级顾问。

潘家铮 1998 年 4 月 8 日在河南黄河小浪底水利枢纽施工现场

七律 * 致敬潘家铮

筑坝教学两业丰，时将科幻寄深情。
库堤薄拱开先例，水电资源策巨程。
剖论三峡融历史，撷思千古汇天虹。
功名毁誉挥身外，心系家国骨自铮。

实事求是是做一切研究工作乃至做人的根本原则。锲而不舍持之以恒是攻克难关的唯一诀窍。

潘家铮

一九九九年六月

从"文学梦"到"水利情"

当我看到通过我们自己的努力，克服了重重技术困难，征服了一条又一条桀骜不驯的孽龙，让滔滔洪流转化为无穷尽的电力，给祖国带来光明和繁荣时，心中总有说不出的欢乐。

1927年深秋，我诞生在绍兴的一个破落书香人家。祖母拉扯我长大。她不识字却是位地道的“民俗文学家”。我至今记得，当我啼哭时，祖母便把我揽在怀中摇晃，并唱起山歌来：

一把芝麻撒上天，肚里山歌万万千。

江南唱到江北去，回来再唱两三年。

山歌好唱口难开，鲜果好吃树难栽。

白米饭香田难种，鲫鱼汤美网难抬。

……

我懂事后，祖母又教我猜谜：

年少青青老变黄，十分敲打结成双。

送君千里总须别，弃旧换新丢路旁。

谜底是草鞋。这种诗谜确是佳作。在祖母的启蒙下，我幼小的心灵中就种下了喜欢诗歌的根苗。我刚念到小学五年级，抗战爆发了。父亲带了一家人逃到海滨的一个小村躲避。父亲是个古板封建的人，在兵荒马乱中还不忘以经史课子。他将我关在楼上一间房中，每日除做些数学外，还要授《四书》一段或古文一篇，第二天要背诵出来，这真害了我。在万分枯燥之余，我注意到房间里外祖父留下的一只木箱。当我发现箱中藏有大量诗文和小说时，真是喜出望外，从此日夜沉浸在文史之海中。

我感到中国的文学和独特的汉字体系真是人类文明的瑰宝，是愿意终生沉醉其中的。在海滨的避难生活持续了两个年头，接着我在浙东山区流浪，断断续续念到初中二年级。到 1942 年，日军大举进攻浙东而辍学。其后还回到沦陷区做了两年“良民”，又跑到游击区当上小学教师。对我来说，读书深造已无指望，已安心在乡村中做个被人看不起的“猢狲王”度此一生了。

抗战的胜利给我带来转机，父亲命我参加“沦陷区中等学生甄别试验”，我只好暂时告别唐诗宋词，重新捡起数理化，夜以继日地死啃硬记。这真是一场难以想象的拼搏，半年多时间，人瘦了近 10 斤，但考得了一个高中毕业的资格。接着，父亲为我买来了浙江大学的招生简章和报名单。我真如枯木逢春，毫不犹豫地填上报考中文系的字样，不想父亲把我叫去一顿臭骂。

“中文系，荒唐！你将来还要不要养儿育女？”

我素来畏惧父亲，而且一时体会不出这与养儿育女有什么关系，结结巴巴答不上话。父亲见状放缓口气，谆谆教导：“中文系是万万念不得的，读出来，好不过混个中学教师当，清苦一辈子，老婆都养不活。我已经吃了一辈子苦，不想让儿子也去过这种日子！”

“那我去念什么好呢？”我迷惘地问。

“要读实科！学些真本领，才能有好饭碗。”于是，我又埋头研究简章上的“实科”了，结果发现一个“航空工程系”。航空工程不就是造飞机么？这对于连火车也未坐过的我具有很大的吸引力。于是，我在报名单上涂掉中文系，改写成航空系。

接下来，又是一场考大学的拼死搏斗。为了向父亲交差，而且又关系到今后养儿育女大业，我又掉了几斤肉。这年暑假又居然糊里糊涂地考上了航空系。命运似乎已经把我带上做飞机设计师的道路了。

但在第二年夏天，我偶然在报纸上看到一条小新闻，说的是一位留英航空博士就业无门，病贫交迫，饮恨上吊云云。我看后不禁倒抽了一口冷气，几经揣摩，决定转到土木系。因为土木系所学甚杂：测量、建筑、铁道、公路、水利甚至还能装马桶，排污水，到哪儿也可找到饭碗。装马桶虽然比造飞机要低级得多，但为了饭碗问题，也顾不得许多。就这样，我转了系。

四年大学生活在惊涛骇浪般的学期中梦幻似地逝去了。我毕业时已是雨过天晴，新中国成立后的第一个春天。饭碗问题已经不复存在，因为新中国百废待兴，处处建设，处处需要人啊。我多么渴望飞到祖国边疆去一显身手，可当时我家中父逝、母病、兄疯、妹幼，我无法远离家乡。

钱令希老师了解我的处境，介绍我去钱塘江水力发电勘测处工作。几天后，我就背了行李卷报到去了。

勘测处是个只有二三十人的小单位，主任徐洽时热情安排我参加一座 200 千瓦小水电站的勘测设计和施工工作，还给了 123 个“折实单位”的工资。从此，我有了赡养母亲和家庭的能力。

我到勘测处工作，原来是作为“过渡站”考虑的，因为不满足蛰伏在杭州的处境，总梦想飞到天南海北去为祖国建设贡献青春。没想到一年以后，祖国的水电建设就以不可想象的速度蓬勃发展了，我也逐渐对水力发电这门科学技术产生了兴趣和感情。不久，我终于走出了浙江，从衢江、新安江走向广东的流溪河、海南的昌化江，西南的大渡河、雅砻江、金沙江、乌江、红水河和澜沧江，西北的黄河和汉江，在无数个大中型水电工地上留下了自己的足迹和汗水，完成了把青春献给祖国的夙愿。

如今，我所经手的工程已经从数十万千瓦、数百万千瓦直到跨世纪的 1820 万千瓦的长江三峡工程。一干就是 40 多年，面临的科学技术问题也越来越困难、复杂。当我看到通过自己的努力，克服了重重技术困难，征服了一条又一条桀骜不驯的孽龙，让滔滔洪流转化为无穷尽的电力，给祖国带来光明和繁荣时，心中总有说不出的欢乐。

现在，我和水力发电已经有了生死与共的感情，什么力量都不能把我们分开，我的最后一滴心血都将浇灌到水力发电的园地上去。总而言之，我是热爱水电事业的，但这是伟大的历史潮流把我推上这条道路的，我与水电事业是“先结婚后恋爱”的。

至于我怎么打发自己的初恋——中国文学呢？尽管我已做了工程师，整天和大坝、隧洞、水轮发电机打交道，但总是忘情不了我的初恋。无论是在野外查勘还是工地苦战，也不论攻关如何艰苦，会议如何紧张，我经常是一卷相随，自得其乐。

我喜欢欣赏诗词和古典小说，我喜欢探究古文中的隐微和野史中的疑案，我更喜欢把生活中的喜怒哀乐涂鸦成诗以寄托我的深情。这是我的乐趣，也成了祸根。尤其在“文化大革命”中，人们查获了我的诗稿，据说发现其中有“极其恶毒”的攻击，为此，我遭受了难以形容的折磨，但是我仍不后悔。拨乱反正以后，我仍然沉醉其中，最近甚至不自量力地写起“科幻小说”来了，也许这就叫作江山易改、本性难移吧！

大师印象

老骥伏枥 志在千里

张巧玲

多次空缺的光华工程科技奖成就奖终于花落有人。我国著名的水工结构和水电建设专家、三峡工程论证和建设的当事人、中国科学院院士、中国工程院院士潘家铮，因功勋卓著，被授予第九届光华工程科技奖成就奖。

然而，潘家铮最终因病未能出席 2012 年 6 月 13 日在北京举行的颁奖大会。

2012 年 6 月 13 日下午，中共中央政治局委员、国务委员刘延东前往医院，将获奖证书送到了潘家铮手中。

“您对新中国的水电设计、建设、研究作出了重大贡献。”刘延东说，“您是一位伟大的科学家，获得这个奖当之无愧。”

此时此刻，85 岁的潘家铮正努力与病魔奋战，他最大的心愿，就是希望自己能早日康复，继续投身中国的水电事业。

水电不了缘

潘家铮小学未毕业就遭遇抗战烽火，曾被关在楼上读古书，在逃难路上当小叫花。潘家铮并不机灵，甚至被父亲斥为“呆虫”，但他有一个最大的爱好，就是读书。读书使他早慧，深切地感知亡国之悲；使他情感炽热，性格沉静。

抗战结束后，自学不辍的潘家铮考上浙江大学。1950 年，潘家铮从土木工程系毕业，成为新中国第一代水电人。

新中国成立之初，祖国的落后，尤其是水电业的落后让他毕生难忘。当时，海南岛有一座 5149 千瓦的水电站，是日军占领时为掠夺海南铁矿仓促修建起来的。当中国政府遣返电站的两名日本工程师时，他们“留恋”地望了电站一眼说：“我们走了，电站也完了！”

这句话深深刺痛着年轻的潘家铮。他发誓，此生一定要“开发水电，为民造福”。

从设计、施工 200 千瓦的小水电做起，潘家铮还进修数学和力学知识，逐步形成独特的设计思想。7 年之后，他出任新安江水电站副总工程师，具体领导工程设计与施工。水电站在短短三年内建成投产。1959 年，周恩来总理还为电站题词：“为我国第一座自己设计和自制设备的大型水力发电站的胜利建设而欢呼！”

然而，水电建设之路不是一帆风顺的。1964 年，潘家铮参与三线建设，参加四川雅砻江锦屏二级电站设计。媒体曾报道了这段故事：一个带路的牧羊男孩问他为什么会来这里，他兴冲冲地说：我们是来修大电站的，等明年下游的炮声一响，你就来当工人吧！男孩听了很激动。谁知这一等就是 40 年，锦屏电站上马后，潘家铮道出心事：“条件这么好的工程不能上马，我死不瞑目！”

“文革”期间，潘家铮屡被揪斗，还要忍受幼女去世的悲痛。然而，心中的水电梦想却未曾消失。望着空落落的书架，潘家铮悲叹：“可怜壮志死前休！”

1970 年，潘家铮重返雅砻江。由于工作成绩突出，1978 年，潘家铮调到北京任职，直至 1985 年出任水利电力部总工程师。

潘家铮一生都从事水电设计、建设、科研和管理工作，参与的水电工程不计其数。如先后参加和主持黄坛口、流溪河、东方、新安江、富春江、乌溪江、镜屏、磨房沟等大中型水电站的设计工作，参与乌江渡、龚嘴、葛洲坝、凤滩、陈村等工程的审查研究工作，指导龙羊峡、东江、岩滩、二滩、龙滩、三峡等大型水电工程的设计工作。

一直到 80 多岁，他依然工作在我国水电事业的前线上。2006 年 4 月，他前往小湾水电站考察，特意让人给他在工地现场拍照留念。

潘家铮痛心地说：“多年来，我注重实地考察，身体力行。但随着年龄增长，病魔缠身，现在只能住院接受治疗，心里很不甘心。”

悠悠三峡情

在潘家铮的一生中，三峡是浓墨重彩的一笔，他参与了三峡工程论证、建设的全过程，至今仍是国务院三峡建委三峡工程质量检查专家组顾问。

1985 年，潘家铮担任三峡工程论证领导小组副组长及技术总负责人。对于是否建设三峡，社会各界争论多年。1990 年 7 月 6 日，在论证热潮几番起落之后，潘家铮代表论证领导小组得出了“建比不建好，早建比晚建有利”的结论，并得到党中央、国务院领导的肯定。

1992 年，三峡工程可行性研究报告提请全国人民代表大会审议。数年的论争足以让神经最坚强的人感到疲倦，报告通过的当晚，潘家铮没有庆祝，只是回家蒙头美美地睡了一觉。他深知，自己处于“风暴眼”，开工之后，更要用负责的态度以事实去说服世人。

2006 年 5 月 20 日 14 时，三峡大坝最后一方混凝土浇筑完毕。任国务院三峡三期枢纽工程验收专家组组长、验收组副组长的潘家铮提前来到坝顶。如果此时潘家铮是登山者，他脚下就是珠穆朗玛峰。

时至今日，仍有不少人对三峡工程提出各种质疑。面对这些质疑，潘家铮说过这样一段话：“对三峡工程贡献最大的人是那些反对者。正是反对者们的反复追问、疑问甚至是质问，逼着我们把每个问题都弄得更清楚，才使方案一次比一次更理想、更完整。”

潘家铮记得，国家在 1985 年前就基本批准了三峡的低坝方案，蓄水水位只有 150 米，发电量较小，防洪效益较差，万吨轮船也无法到达重庆，实现所谓的“黄金航道”。幸亏当时有那么多人反对，没有草率开工。于是，又经过反复辩论和重新论证，通过了新的“175 米方案”，新方案要比过去合理得多。

一次，一位持反对意见的同志提供了一张航拍照片，说坝址上方有线形影像，是条大断层，令潘家铮等人大为吃惊。后来，经过实地考察，发现根本没有这条断层，照片上出现的影像乃是表面地形所致，潘家铮长长地舒了一口气：“问题搞清楚了，心里更踏实了。”

潘家铮说：“我希望人们能吸取足够多的教训，养成从一开始就能听得进不同意见的肚量——真心而不是表面地听取，认真加以分析研究，化分歧为合力，这对做好工作避免失误将起到极大作用。对持反面意见的人，这个说法也是一样适用的。”

其实，潘家铮本人也常常提出不同意见。三峡工程可行性论证曾由加拿大的水电咨询公司在世界银行指导下进行。加方专家主张减少防洪库容，在遭遇特大洪水时让库区人民临时逃洪，事后补偿。这样可减轻移民压力，且实际遭遇特大洪水的频率并不高，经济上是有利的。中方最初也有这个备选方案，但论证后认为，根据国情民意不宜采用。对此，加方专家很难理解。

潘家铮解释说："你们的分析很科学精确，但我们要综合研究。就好比用中药治病，得全面考虑，增减药量。"

无论是对反对者的宽容，还是不避问题的自我总结，都是潘家铮出自对于三峡和中国水利事业的热爱之情。

潘家铮说："要建成一座工程，必须有愿意为之献身的人。如果三峡工程需要有人献身，我将毫不犹豫地首先报名。我愿意将自己的身躯永远铸在三峡大坝之中。"

心系国家电网

"吃螃蟹也得有人吃，什么事为什么非得外国人做了，然后我们再做？"这是潘家铮回应那些对于中国发展特高压输电"外国都搞不定，我们更没戏"的言论时说的一句话。

特高压输电具有输送容量大、距离远、效率高和损耗低等优越性，作为国家电网公司高级顾问，潘家铮一直牵挂中国特高压输电事业的发展。

潘家铮说，发展特高压对于能源中心和经济中心分布不均衡的中国来说有必要，更有需要，是解决中国能源配置问题的根本途径。而且，靠我们自己的力量，一定能搞成。

2006 年 11 月 21 日，国家电网公司特高压试验示范工程建设专家委员会在京成立。专家委员会的主要职责是对工程建设中的关键技术问题、重大技术方案等提供咨询意见。当时已年近八旬的潘家铮成为专家委员会成员。

2009年1月6日，1000千伏晋东南—南阳—荆门特高压交流试验示范工程正式投运。当年1月22日，国家电网公司举行特高压工程专家座谈会，就特高压工程建设和特高压电网发展进行了深入研讨和交流。

潘家铮作了重要发言："特高压试验性工程已顺利投产，安全运行。这是一件具有里程碑意义的大事。今后就要开设两纵两横的主干线的建设。我相信不需要太长的时间，我国就将出现全世界从来没有过的特高压骨干网架。我国的输变电技能将荣登国际领先水平，令人欢欣鼓舞。"

令潘家铮欣慰的是，目前，中国国家电网公司在特高压理论创新、技术攻关、工程实践等方面已经取得重大突破，建成投运了1000千伏交流和±800千伏直流特高压示范工程，并一直安全平稳运行；形成了功能完善、世界领先的试验研究体系；全面掌握了大电网运行控制技术。特高压在中国已是一项安全、经济、高效、成熟的输电技术。

一生文学梦

有人说，潘家铮如果不是一位科学家，必定会成为一位文学家。

潘家铮11岁起开始创作旧诗词，先后发表《新安江竹枝词》《读报志感》《蓼莪吟》《锦屏诗稿》等诗作，还写成一部《积木山房诗话》。

"利用零碎时间，见缝插针。"潘家铮说。

对他来说，出差的途中，或早晨刚刚醒来的时候，这些零星的时间足以构思一个作品的结构，或考虑一个技术问题。“我这人也没什么嗜好，不抽烟不喝酒，不看演出，不看体育比赛，使我有较多的时间看书。”

也许正是因为长期沉浸于传统文化、与古书为伴，潘家铮有了一种古典而宁静的品格。

在大西南支援三线建设时，他以苦为乐：“萍踪莫问几时还，巨任加肩岂等闲。休嫌地窄难容膝，要使襟宽可纳山。”

身在牛棚，他感时忧国：“太息中原豪杰尽，苍生消息近如何？”

作为技术总负责人，他为三峡工程奔走周旋 20 余年，如临如履，老臣谋国。

“己欲立而立人，己欲达而达人。”他对后来者爱护有加，答疑解惑。

“君子和而不同”，他与三峡工程反对者李锐诗词唱和：“冰雪胸怀铁石肠，奇毫异墨著文章。平生不洒英雄泪，化作新诗字字香。”

科学家的视野让他见人所未见，士大夫的风骨使他言人所不能言。

潘家铮曾借用南宋爱国诗人陆游著名的《示儿》诗说：“新世纪初，我已年届古稀，三峡工程虽已胜利在握，金沙江、雅砻江等大水电群尚无启动消息，生怕自己等不到这一天。”在三峡公司的一次年初工作会上，潘家铮改写陆游的诗并当众宣读：“死去元知万事空，但悲西电未输东，金沙宝藏开工日，公祭无忘告逝翁。”

潘家铮也特别喜欢科普创作，喜欢写科幻小说。在参与设计建设三峡工程等重大水电工程的繁忙工作之余，他让自己的思绪畅游在科学幻想的世界里，创作了大批深受读者喜爱的科幻小说。

他先后出版了科幻小说《一千年前的谋杀案》《偷脑的贼》等作品。

他说这些作品可以普及科学知识，激发孩子们的想象力。《潘家铮院士科幻作品集》是潘家铮将多年来的科幻创作精品和未发表过的数篇新作，共 30 篇一起结集出版。

刘延东在看望潘家铮时，还说道：“我一定要好好拜读您的科幻小说。”

（本文转自《中国科学报》2012 年 6 月 18 日）

大师印象

沧桑世事淘洗　愈见真实性情

张　蕾　袁于飞　程洪瑾

他是中国水电事业的当事人。以开发水电、实现西电东送为平生夙愿，主持了中国几十座大坝的设计与建设。

他是三峡工程论证和建设的当事人。工程建设的每一个节点，面对各种疑虑，他坦诚相见，力排众议。

他是自己人生的当事人。80多年的人生旅途，他把对科学理论的研究、水电建设的实践和文学创作的追求做到了极致。

6月13日，他获得第九届光华工程科技奖成就奖殊荣。

“他是新中国水电人才成长的缩影，他的经历很不寻常，却有历史的必然性。”全国政协原副主席、水电部原部长、中国工程院院士钱正英如此评价她的“战友”、水工结构和水电建设专家潘家铮。

触摸梦想

潘家铮出生于浙江绍兴一个书香之家，小学未毕业就遭遇抗战烽火。这个并不机灵、被父亲称作“呆虫”的孩子，最大的爱好就是读书。

读书使他早慧，深切地感知亡国之痛；使他一目十行，为以后阅读汗牛充栋的资料打下基础；使他情感炽热，性格执着，为了理想百折不回。

抗战结束后，自学不辍的潘家铮考取高中毕业资格，次年报考浙江大学。1950 年，他从土木工程系毕业，成为新中国第一代水电人，开始触摸一生的梦想：开发水电，造福人民。

潘家铮至今难忘拥有世界第一水能蕴藏量的祖国曾多么落后。“海南岛有一座 5149 千瓦的水电站，是日军占领时为掠夺海南铁矿仓促修建起来的。当中国政府遣返电站的两名日本工程师时，他们留恋地望了电站一眼说：我们走了，电站也完了。”

年轻的潘家铮岂能服气？他从设计、施工 200 千瓦的小水电站做起，并进修数学和力学知识，逐步形成独特的设计思想。7 年之后，他出任新安江水电站副总工程师，开始具体领导工程设计与施工。

1985 年，潘家铮担任三峡工程论证领导小组副组长及技术总负责人。在论证热潮几番起落之后，他代表论证领导小组作出了“建比不建好，早建比晚建有利”的结论，得到党中央、国务院的肯定。

1992 年，三峡工程可行性研究报告提请全国人民代表大会审议并获得通过。当晚，潘家铮回家美美地睡了一觉。他深知，自己正处于“风暴眼”，开工后，就要用责任和事实去说服世人。

2006 年 5 月 20 日 14 时，三峡大坝最后一方混凝土浇筑完毕，国务院三峡三期枢纽工程验收专家组组长潘家铮提前来到坝顶。

如果此时的潘家铮是登山者，那么，横在他眼前的就是珠穆朗玛峰。

包容质疑

潘家铮有句话流传甚广:“对三峡工程贡献最大的人是那些反对者。”

潘家铮对反对意见所表现出的不仅仅是容忍，更有海纳百川的包容。“正是反对者的反复追问、疑问甚至是质问，逼着你把每个问题都弄得更清楚，才使方案一次比一次更理想、更完整，工程质量一期比一期好。”

一次，一位持反对意见的同志提供了一张航拍照片，说坝址上方有线形影像，是条大断层，令潘家铮等人大为吃惊。后来，经过实地考察，发现根本没有这条断层，照片上出现的影像乃是表面地形所致，潘家铮长长地舒了一口气：“问题搞清楚了，心里更踏实了”。

其实，潘家铮本人也常常提出不同意见。三峡工程可行性论证曾由加拿大的水电咨询公司在世界银行指导下进行。当时，加方专家主张减少防洪库容，在遭遇特大洪水时让库区人民临时逃洪，事后补偿。这样虽可减轻移民压力，经济上有利，但中方专家论证后却认为：根据国情民意不宜采用。对此，加方专家很难理解。潘家铮的解释是:“你们的分析很科学精确，但我们要综合研究。这就好比用中药治病，得全面考虑，增减药量。”

潘家铮的宽容，是框内思维的不断突破，更是触类旁通的思辨求索。

作为科技工作者，潘家铮拒绝从单一方向思考问题。2002 年，在《水利建设中的哲学思考》一文中，他提出水利建设要突破保守和教条，必须借助哲学思维方式。他用“照镜子、坐飞机、服中药、管孩子、吃螃蟹”来喻证，分析“利弊权衡、风险评估、辩证诊治、规范设定、技术转化”等内在规律，为业内提供了工程图纸和学术论文之外的启迪。

情系文学

一辈子在水利水电事业上拼搏，潘家铮忙里偷闲，把自己的水电生涯凝诸笔端，写出了《春梦秋云录》。他把文学比作自己的初恋，“深情永远”，而工作则是“先结婚后恋爱”。也许，对于这位饱受磨难、肩负重任的工程师来说，需要用这样的写作传达性情的温热和率真，以求得情感与理智的平衡。

诗歌使潘家铮对师友、事业、祖国的感情有了最炽烈的表达方式。

在大西南支援三线建设时，他以苦为乐：“萍踪莫问几时还，巨任加肩岂等闲。休嫌地窄难容膝，要使襟宽可纳山”。

身在“牛棚”，他感时忧国：“太息中原豪杰尽，苍生消息近如何？”

作为工程负责人，他对后来者爱护有加。“己欲立而立人，己欲达而达人。”

君子和而不同。他与三峡工程的反对者李锐诗词唱和：“冰雪胸怀铁石肠，奇毫异墨著文章。”

如果说科学家写科幻作品是传统，那么，潘家铮愉快地继承了这个传统，先后出版了科幻小说《一千年前的谋杀案》《偷脑的贼》等作品。他说这些作品可以普及科学知识，激发孩子们的想象力。“应试教育已经把孩子们的想象力扼杀得太多了。”

潘家铮写过一篇《人才天平》的小说，其中有个讽刺对象“潘总”，人才仪器对他的鉴定是：有学历有身份，可惜知识陈旧，老迈神衰，到处主持课题，却只会解二元一次方程。别人问：“不怕有人对号入座，说这个潘总就是您吗？”潘家铮自嘲地一笑：“我本来写的就是自己啊！”

新世纪初，潘家铮年届古稀。当时三峡工程胜利在握，金沙江、雅砻江等大水电群尚无启动消息。生怕自己等不到这一天的潘家铮借用陆游的诗句寄语中国水电事业：“死去原知万事空，但悲西电未输东，金沙宝藏开工日，公祭无忘告逝翁。”

如今，又一个十年过去了，潘家铮看到了向家坝、溪洛渡、锦屏等巨型水电的开工，甚至还有希望看到它们发电。于是，他又将那首诗中的“金沙江”改为“雅鲁藏布江”。

历经沧桑世事淘洗，人们见到的，是一个真性情的潘家铮。

（本文转自《光明日报》2012年6月14日）

大师印象

春梦秋云 水电人生

余晓洁

13 日，京西宾馆。潘家铮没能到颁奖现场亲手捧回属于他的光华工程科技奖成就奖。

此刻，85 岁的潘老正与病魔殊死斗争。两院的众多老友在心底祝福他——一位在超过一甲子的岁月里，把自己全部的忠诚、智慧、汗水洒向祖国的山山水水、洒向利国利民的水利水电事业的老人——平安。

三 峡 之 子

“如果三峡工程需要有人献身，我将毫不犹豫地首先报名。我愿意将自己的身躯永远铸在三峡大坝之中。”潘老曾无限深情地说。

身边工作人员回忆：挑起三峡总公司技术委员会主任的重担后，潘老变得忙上加忙。设计审查、科学研究、科学管理、施工技术，工作起来没个白天黑夜。对他来说，时间就是电能，必须捏紧分分秒秒。

当时潘老已年逾古稀。但在现场质量检查中，他从不满足于听汇报，任何疑点都要亲自察看。那是一个严冬，已经数次察看过导流底孔的潘老，在检查完机组安装质量后，又执意要看一看2号导流底孔过流后的状况。

大家劝道：“不看了吧。其他专家仔细查过了。”潘老坚决不干，让司机调转车头直奔导流底孔。

导流底孔在三峡大坝120栈桥下方70米，需沿着垂直的梯子爬上来。潘老不要人搀扶，一级级往上攀。回到120栈桥上，大家这才发现摘下安全帽的潘老早已大汗淋漓。

有次审查技术设计，一进宾馆大门，潘老便和专家们投入了紧张工作。服务员无不为之动容，连声说潘老是为三峡呕心沥血的最可爱的人。

作为世界级的巨型水利工程，三峡工程广受争议。对此，潘家铮“海纳百川”。

“对三峡工程贡献最大的人是那些反对者。正是他们的追问、疑问甚至是质问，逼着你把每个问题都弄得更清楚，方案做得更理想、更完整，质量一期比一期好。”潘老说。

因三峡而扬名，但远不止三峡。黄坛口、流溪河、东方、新安江、富春江、乌溪江、锦屏边有他设计的图纸；乌江渡、龚嘴、葛洲坝、凤滩边有他思忖的脚印；龙羊峡、东江、岩滩、二滩边有他的果断决策……

潘老以这种特殊方式把自己“铸”入了祖国的大江大河。

老骥伏枥

老骥伏枥，志在千里。

晚年的潘老任国家电网公司高级顾问，关注能源产业，思考电网的发展创新，亲自参与研究与论证电力“高速公路”——特高压技术。

“一个国家需要什么样的电网，取决于国情。我国经济实力迅速提升，能源分布不均衡。为了高效科学地解决输电问题，节约土地，减少投入，发展特高压输电技术是必然选择。”潘老的判断掷地有声。

他曾用“螃蟹也得有人吃，为什么什么事非得外国做，然后我们再做？”回应那些“外国都搞不定，我们更没戏”的言论。他认为发展特高压对中国有必要，更有需要，且靠我们自己的力量一定能搞成。

事实证明，潘家铮的研判是正确的。1000kV 晋东南—南阳—荆门特高压交流试验示范工程于 2009 年顺利投产，安全运行。

“这是件具有里程碑意义的大事。今后要开设两纵两横的主干线的建设。不需要太长时间，我国就将拥有全世界从未有过的特高压骨干网架。”潘老兴奋地说。

“我已年逾耄耋，病废住院，唯一挂心的就是国家富强、民族振兴。我衷心期望、也坚决相信，在党的领导和国家支持下，电力工业将在特高压输电、智能电网、可再生能源利用等领域取得全面突破，在国际电力舞台处处有‘中国创造’‘中国引领’。”

2011 年七一之际，潘老病榻上的一番话饱蘸老一辈科学家的赤字真情。

“不务正业”

“我称不上‘科幻作家’，顶多算个‘散兵游勇’。书能受到青睐，还是沾了‘院士’的光。院士写科幻，好比教授卖扒鸡，似乎‘不务正业’，不免引起人们的兴趣。”

《潘家铮院士科幻作品集》初版 8000 册一个月售罄，紧急加印，并被授予首届中国出版政府奖。得知这一消息，潘老的话自谦又不乏诙谐。

1993年，潘家铮出版了他的第一部科幻小说集《一千年前的谋杀案》。科幻小说家金涛称赞道：终于有了一本中国科学家亲自动笔写的科幻小说。此后，他笔耕10多年，创作了81万字的《潘家铮院士科幻作品集》。

为何要写科幻作品？

我们在他的自传《春梦秋云录》中找到了答案。潘老自幼爱好文学。儿时遭遇战乱，被父亲藏在小屋里，不想他在满屋的书籍里寻到了快乐。“文学是我的初恋。”他说。

更重要的是，潘老希望这些作品可以普及科学知识，激发孩子们的想象力。

“应试教育对孩子们想象力扼杀得太多。”多年来，潘老不断呼吁科学家和文学家支持科幻事业，写出引人入胜的高水平科幻作品，让孩子读后扩展胸襟、增长知识、识别善恶、热爱科学。

潘老有战略科学家宽广的视野，有拓荒牛无悔的执着，有对下一代无限的关爱，也有江南才子诗人的情怀。

一首“死去原知万事空，但悲西电未输东。金沙宝藏开工日，公祭毋忘告逝翁”，是他春梦秋云水电人生的告白。

（本文转自新华社2012年6月13日）

剖論三峽融歷史

擷思千古滙天虹

築壩教學兩業豐時為科幻寄真情庠提薄共年先例水電
資源家巨擘剖論三峽融歷史擷思千古滙天虹功名毀譽揮
身外心繫家國骨自錚 七律一首致敬水工結構和水電建設專家
三峽工程的論證和建設的主要參與者之一科學幻想作家潘家錚院士 維綱

Qian Zhengying

2014年

光华工程科技成就奖

钱正英

（1923.07.04— ）

水利水电专家。原籍浙江省嘉兴市，出生于上海市。1997年当选为中国工程院院士。

钱正英1942年肄业于上海大同大学。她先后在苏皖边区政府和黄河河务局从事治淮、治黄等水利工作。她长期主持中国的水利电力工作，主持研究、制定了一系列关于我国水资源开发利用、管理与保护的方针、政策和管理办法，主持编制了黄河、长江、淮河、海河等流域的治理规划和全国水利建设长远发展纲要，主持完成了《中华人民共和国水法》、《中华人民共和国水土保持法》的起草，主持审定、决策了许多重大的水利水电工程建设项目，具体参与研究解决建设中的重大技术问题，主持领导了三峡工程的可行性论证，主编出版了《中国大百科全书（水利卷）》《中国水利》（中、英文版）等。

钱正英历任水利部部长、水利电力部部长，是第七届、第八届、第九届全国政协副主席。

钱正英 1998 年在宜昌三峡坝址

临江仙 * 致敬钱正英

少女领兵征巨浪，洪滔令变平和。安澜稳坝势磅礴。治黄筹策伟，水利寄情灼。详探资源藏蕴处，足勘万壑千波。立规制法统山河。中华纯正爱，青史英雄歌。

一个科学工作者应当通过工作中的严格科学性来体现对人民的忠诚。

钱七英
2001,7-25

自述

江河湖海一生情

我所得到的知识是人民以血汗代价换来的，这些知识不属于我个人，而是应当还给人民，尽量化为成就，以补偿过去遭受的损失。

我是1941年在上海参加中国共产党的。当时，地下党的入党手续是写一份入党申请报告。我申请报告的第一句话是：“我生不逢时……”为什么这样写呢？因为我自幼的梦想是当一个科学家，而不是当一个革命家。

这个梦想是我父亲灌输给我的。

我的父亲是一个美国留学生，学习水利工程，1922年得了硕士学位后回国，第二年得了我这个女儿。很自然的，他把从美国带回来的一套理想灌输给了我。从我很小的时候，他就告诉我，美国已经有了女工程师，但是中国还没有。他要我将来当中国的第一批女工程师。我没有辜负他的希望，不论在学校还是在家庭，我的学习成绩都是数一数二的。念小学的时候，我不断地跳班。1933年，刚满10岁的我就进了中学，在中学也是名列前茅。父亲给我设计了和他一样的道路：

中学—大学—去美国留学。

但是，父亲自己的道路并不理想。回国后，他先在铁路，后在国民政府的建设委员会搞房屋建筑，1936 年才回到他的本行，到武汉任江汉工程局第二工程事务所主任。他的前任由于 1935 年汉江大堤溃口而被撤职。因此，他是战战兢兢上任的。

当年夏季，父亲要我的母亲带着我和弟弟，从南京赶到武汉，陪他共度汛期。那年我刚刚初中毕业，对水利一点儿也不懂，只知道天天陪着父亲去武昌的长江边看水尺，就怕水位上涨。我们的住处就在他办公室的后院，每天看他办公回来，总是唉声叹气，诉说官场腐败、包工作弊、工程难办。好容易挨到汛期过去，总算没有发生大水，我和弟弟的暑假也将结束，母亲带着我们返回南京。临别的时候，母亲再三要求父亲不要再干水利了，免得全家担惊受怕。

当年冬天，父亲在戚墅堰电厂找了个工作，就把武汉的工作辞了。从此，他不但自己决心不搞水利，而且告诫我以后可以搞建筑，但是决不可搞水利。

1937 年抗战全面开始，打破了我家的平静生活，也打乱了我的梦想。我和家人逃难回到老家上海。家里供不起几个孩子同时上学，我靠着奖学金和当家庭教师，继续自己的学业。虽然按过去的志愿进了大学的土木工程系，功课仍然很好，但是外界的种种因素扰动了我心境的平衡。民族的危亡、贫富的差距、男女的不平等，都冲击着我“科学救国”的信心。

在一些共产党人的教育下，我经过激烈的思想斗争，最终下定决心，告别多年的梦想，舍弃固有的爱好，参加革命。尽管如此，我心底的遗憾依然很难割断，因此才在入党报告上首先说明是因为“生不逢时”，出于对国家对社会的责任，才选择了革命。

进入大学三年级的同时，我被批准成为一名共产党员。我努力克服困难，既做一个好党员，又做一个好学生，我的名字仍列在全校的“优绩生”名单。但到 1942 年冬，在快要毕业的时候，这个矛盾终于无法解决了。由于可能被敌人追捕，组织决定要我和其他几位同志撤退到解放区去。记得我们到当时淮北解放区的“首府”、洪泽湖边的一个小集镇——半城，向新四军四师师长彭雪枫报到的时候，我把我的遗憾告诉了他，他安慰我说：“将来我们要在半城建造一个大礼堂，你还是可以施展你的才能。”

谁也没有料到，就在我们进入解放区的第二年，即 1943 年，淮河发了大水，我工作所在地附近的淮河堤防决了口，人民迫切要求堵口复堤。1944 年春，人民政府决定以工代赈，在新四军的武装保护下，组织群众修复淮堤，我受命为技术负责人。我们修复的那段堤防，西边接近日军的交通命脉——津浦铁路，东边接近五河县城，大堤面对的淮河是日军“汽油划子”来往巡逻的水上交通线，淮河以南就是敌占区。大堤所在的地带是我们的边缘区，各村都有两套领导班子，一套与我们联系，一套与日伪政权联系，称为“两面政权”。

我们白天在堤上公开办公，晚上和军队一起打游击，在附近各村流动住宿，以防敌人的偷袭。这是我从学校出来后第一次走上工程岗位，又是在这样一种特殊环境下，心情非常激动。不懂得平仄的我，写了一首打油诗：

夕照映远山，大堤临长淮。
足下黄水去，天边白云来。
跃跃女儿志，浩浩祖国怀。

笑指对岸敌，中华屹然在。

淮堤的修复标志着敌后解放区进入了发展生产的阶段。根据群众的要求，淮北行政公署在建设处下成立水利科，我被任命为水利科科长，真是“蜀中无大将，廖化充先锋”。但就我个人而言，有机会进入自己爱好的专业，还是很高兴的。

我走遍了淮北解放区的几个县，并且找到一些参考书籍，尽我所能地边干边学。抗战胜利后，华中几个解放区连成一片，在苏北的淮阴成立了苏皖边区政府，我被调到边区水利局任工程科科长，并负责以高邮为中心的运河南段堤防的修复工作。这段堤防是苏北十几个县的防洪屏障，抵御淮河经洪泽湖、宝应湖、高邮湖入长江的洪水。1931 年江淮大水时决口，苏北曾一片汪洋，人民受灾惨重。

我们在 1946 年春将大堤修复加固后，当年夏天就发生了洪水。我们领导群众，顶着高邮湖的滚滚恶浪奋力抢险，终于保住了大堤，取得了防汛的胜利。我再一次体会到水利对人民的切身关系。解放战争中，我在山东战场上当了一年修路架桥的工兵，到 1947 年底又回到水利战线，被调到山东省的黄河大堤。到任才一个月，就经历了黄河的“凌汛”。黄河从西南向东北入海，上游的冰面已经融化破裂，而下游的冰面还没有开冻，为防止从上游淌下的冰块堵塞成冰坝，我们在冰面下埋放炸药，力求打开冰路。在上游冰块汹涌冲来的时刻，我们快步跑上了岸边的大堤，一瞬间那些硕大无比的冰块拥挤着，像巨兽般争先恐后地爬上堤顶，真是平生未见过的壮观。虽然冰路冲开了，但我不敢“贪天之功”，在黄河的伟大力量面前，我们只能说有足够的勇敢，却还是显得渺小。

1949 年，就在新中国成立前夕，我们经受了黄河大洪水的考验，这次取得了真正的胜利。深夜在办公室等候黄河水情报告时，我仿佛在倾听她的脉搏，并渴望医治她的创伤。我为黄河的巨大魅力所吸引，已经深深地爱上了她，也深深地爱上了水利这门职业。

新中国成立后，开始了运用现代科学技术，全面、系统、大规模治理江河的新阶段。我经历了治理淮河、治理海河、治理黄河、长江葛洲坝建设、三峡工程论证以及其他一些水利水电工程。我的父亲看到我走上了他所放弃的中国治水道路，但没有来得及看到改革开放后新中国更美好的前景。

1991 年春，人民大会堂通过三峡论证报告后，全场掌声雷动。在掌声中，我想起了许多往事，也想起了我的父亲。当他带着美好的愿望从美国回来时，当他在武汉为不能实现愿望而苦恼时，他怎么也没有想到，他的这些愿望将在中国共产党的领导下逐步实现。他和我的不同遭遇生动地体现了历史辩证法。

水利涉及天、地、人多方面的因素，是一个巨大的系统工程。新中国的水利事业也并不“万事如意”。在取得胜利和成绩的过程中，也经历过失败和挫折，其中重大的如淮河 1954 年的水灾、1975 年两座支流水库的垮坝、黄河三门峡水利枢纽的泥沙淤积、华北平原的涝碱灾害等。虽然在党和政府的领导下，我们解决了这些问题，使水利工作继续大踏步地前进，但是对我们这些有关领导的教育，却是终生难忘的。

从失败和挫折中，我学到了很多知识，也深深地感到，我所得到的知识是人民以血汗代价换来的，这些知识不属于我个人，而是应当还给人民，尽量化为成就，以补偿过去遭受的损失。就我个人来说，从当初放弃专业参加革命到现在当选为中国工程院院士，确实是始料不及的。我一方面感到莫大的荣誉，同时又感到万分惶恐。恐怕我是工程院中学历最低的院士，今后只有努力学习，努力工作，力求不辜负这个珍贵的称号。

大师印象

钱正英的水利情结

王建柱

古往今来，治水从来都是治国兴邦的重要内容，其中又总是蕴含着波澜壮阔的社会变迁与人生起伏。钱正英，这位新中国水利部第一位女部长，参与和领导中国水利事业 60 余年，新中国所有大江大河上的重大水利水电工程，都留下过她闪光的足迹，都有她的心血与汗水。

违背父愿与水利结缘

钱正英的父亲早年毕业于美国康乃尔大学并获得土木工程硕士学位。父亲在钱正英幼年时就有意培养她继承自己的事业并为她规划设计了一条人生道路：中学—大学—赴美留学—成为中国第一位女工程师。

钱正英没有辜负父亲的期望，上小学的时候，她就不断地跳级，1933 年刚满 10 岁就进入了中学。正当她以为会按照既定的方向前行时，老天爷却和她开了一个很大的玩笑。

钱正英曾回忆说："1936 年，我刚初中毕业。那一年，汉江因洪水发生决堤。我几乎每天都陪着父亲去江边看水尺，就怕水位上涨。那些日子里，父亲回到家里总是唉声叹气的，诉说官场腐败、包工作弊、工程难办……当年冬天，父亲在戚墅堰电厂找了个工作，就把武汉的工作辞了。从此，他不但自己决心不搞水利，而且告诫我，以后可以搞建筑，但是绝不可搞水利。”

1939年，钱正英怀着“做中国第一个女工程师”的理想进入上海大同大学土木工程系（后并入上海同济大学）。当时，大学里由中共地下组织领导的抗日救亡运动十分活跃。钱正英在一片革命的呼声中“投笔从戎”，走上了革命道路，1941年9月加入中国共产党。

钱正英似乎天生就注定是大江大河的女儿。1942年，上海的中共地下组织遭到破坏，钱正英和其他学生党员紧急撤离，奔赴淮北解放区。不料次年淮河泛滥，这位学土木工程的“优绩生”成了堵口复堤的技术负责人。解放战争期间，她又担任了山东省黄河复堤防汛工程的重任。自此开始正式投身水利事业。

新中国最年轻的女部长

钱正英的一生都与水利事业命运与共，就连她的3个孩子的名字也和水有关。有人问她在半个多世纪的治水工作中，有没有遇到过什么挫折？她风趣地回答：“我3个孩子的出生，恰恰就在我的三段挫折期。”

钱正英的大女儿取名“汇”，意指3年治淮，出生时恰逢淮河内涝；儿子取名“洪”，出生时正值1954年淮河洪水泛滥；小女儿取名“清”，即1960年三门峡水库蓄水，黄河水清。

在钱正英的人生履历中，最为人津津乐道的是她年纪轻轻就当上部长的传奇。1950 年 3 月，年仅 27 岁的钱正英被破格提拔为华东军政委员会水利部副部长，成为新中国最年轻的女部长。据说在讨论名单时，曾有过不少争论。很多人提出：“黄毛丫头怎能当部长？”时任华东军政委员会副主席的曾山力排众议，大力推荐她。“丫头部长”之誉自此不胫而走，以至日后国家主席李先念在见到钱正英时，也开玩笑地说：“啊，你就是那个黄毛丫头！”

1970 年至 1974 年，钱正英先后任国家水利电力部革委会副主任、副部长。1974 年至 1988 年，钱正英又担任国家水利电力部部长、水利部部长，执掌水利部。20 世纪 80 年代后，钱正英先后当选为第七、八、九届全国政协副主席。不过，她曾风趣地说：“我当政协副主席有三分之二的时间是在耕耘‘自留地’——搞水利。只有三分之一的时间是在当政协副主席。”1997 年，因为在水利事业上的杰出贡献，钱正英当选为中国工程院院士。

每当忆及往事，一幕幕都会闪现在钱正英的脑海里，并且化作她时时鞭策自己多为人民群众办好事的精神力量。她说：“1991 年春，当三峡论证报告获得全国人大通过时，人民大会堂里掌声雷动。在掌声中，我想起了许多往事，也想起了我的父亲。当他带着美好的愿望从美国回来时，当他在武汉为不能实现愿望而苦恼时，他怎么也没有想到，他当年的这些愿望在中国共产党的领导下终于逐步实现了。”

见证新中国水利史

钱正英参与了众多的水电工程建设，领导解决了多项施工中的重大技术难题。我国三峡工程的质量把关人就是她。在三峡大坝一期与二期工程建设期间，钱正英被国务院三峡建设委员会任命为三峡枢纽工程质量检查组组长。她坦言:“我经手的大大小小水库确实数不清了,但修一座水库就挨一次骂。当初,我接受三峡论证任务时,连家里孩子都反对说‘你想干啥呀?你做了那么多工程也可以了,还想再找一个挨骂的事情?’那几年日子不好过。我是有历史责任感的,三峡究竟是怎么回事,我有责任弄清楚。”

为此,钱正英聘请了21位特邀顾问、412位各行各业专家,成立了14个专家组,对以往的研究成果进行全面复核和重新评估。原来规定的论证时间要一年,实际上却花费了两年零8个月。不少人都提出了不同意见,就在最后一次论证中,仍有9位专家没有在报告书上签字。报告提交后,国务院认为决策兴建三峡工程的条件已经基本具备,遂将关于兴建长江三峡工程的议案提请第七届全国人民代表大会第五次会议审议。最后赞成票占多数,议案被通过。

在担任三峡枢纽工程质量检查组组长期间,钱正英每年都要到工地跟踪检查。在三峡枢纽工程建设任务按照经批准的初步设计全部完成之际,钱正英没有沉浸在成功的喜悦之中,而是重新审视着中国水利的发展历程,审慎地提出:“新的矛盾出现了”,“中国正处于从近代水利到现代水利的转变过程中。”

1988年离开水利部后,钱正英开始反思和总结过去工作中的问题。她首先约请了一部分老同志,共同编著《中国水利》一书,回顾与总结新中国水利建设所走过的道路。担任全国政协副主席后,钱正英结交了其他领域的许多朋友,开始“跳出”水利,站在水利部门之外看水利。

与水打了60多年的交道,长期以来,钱正英都抱着谨小慎微的态度对待工作。她坦承过程并非一帆风顺。对三门峡水库这个让钱正英付出过无数心血进行改建的水利工程，这个顾了发电灌溉却造成上游渭河河道淤积、导致渭河发生大洪灾的问题工程，钱正英既感慨而又沉痛地说：“在新中国水利历史上，应当讲教训最深刻的就是三门峡工程。如果当年三门峡没有建，现在我们解决黄河的问题，就不会选择修建三门峡的方案。当然三门峡也发挥了相当的作用，但如果以现在的认识水平来考虑黄河第一期工程，我们可能会选择建小浪底，而不是建三门峡。即便是建，也不用当年的设计方案。”当新疆塔里木河出现断流，她焦虑地坦言：“这不是现任水利部部长的责任，是我当时的责任。”

钱正英说：“水利选择了我，我选择了水利。水利涉及天、地、人多方面的复杂因素，是一项巨大而复杂的系统工程。新中国的水利事业并不是‘一帆风顺、万事如意’。在取得胜利和成绩的过程中，也经历过失败和挫折。从失败和挫折中，我学到很多知识。这使我深深地感到，我所得到的知识，是人民以血汗代价换来的，这些知识不属于我个人。我个人就像计算机的存储器，几十年来水利的经验，特别是犯过的错误和所走过的弯路，都存储在这里。我余生的责任，就是要把存储的这些东西都交出来，还给人民，尽量化为成就，以补偿过去遭受的损失。”

“我还不想写历史，我仍在创造历史”

水利建设对钱正英来说是一生的追求，更是融入血液的一种责任和使命。

从 1999 年开始，她又带领一批院士，连续承担了 6 项以“水资源”为主题的战略咨询研究项目，足迹遍布大江南北，取得了丰硕的成果。

时任国务院总理温家宝对于这项坚持了13年的咨询工作给予了高度评价，认为这项工作“为中央的决策发挥了重要作用”，“钱正英同志围绕全国和区域性水资源问题开展的一系列咨询研究，从民族生存发展和综合国力竞争的战略高度，审视中国的水利问题和可持续发展问题，体现了忧国忧民的高度责任感和振兴中华的强烈愿望”。在钱正英的带动下，项目组的院士、专家们不辞辛劳，把自己的健康置之度外，他们以国家建设为己任的高度负责的态度，让很多人感动。

钱正英刚卸任水利部部长时，就有朋友劝她把过去的工作经历写出来，但都被她婉言谢绝了，她还用英文回答说：“我还不想写历史，我仍在创造历史。”

在担任全国政协副主席期间，当有人问她“回顾以前的工作和情感，最大的感触是什么”时，她动情地说：“我虽然离开水利部多年了，但我还是经常参加水利方面的一些活动。我现在脑子里想的就是我当年主持的水利工作有什么失误，有什么没做好或片面的地方。我竭力地想在自己的有生之年，把我当年的失误和做得不够的地方补足。希望弥补那些偏差。”为此，她每年都要抽出很大一部分时间到各地的江河湖海走一走，为一些重大的水利水电工程“支招”，先后致力于灌区的配套改造、中国水资源的战略研究、西北地区水资源的合理配置等项目。她说：“等做完西部问题的研究后，我就准备完全退休了。”

（本文摘自《福建党史月刊》2014年第1期）

大师印象

水利选择了我，我选择了水利

陈 苏

4 月 15 日，北京的天气像孩子的脸，前一刻阳光很好，杨絮飞舞，后一刻 9 级大风，雷雨和 13 年来最强沙尘，轮番上阵。

就像钱正英风云变幻的传奇一生。

在一幢典雅的院落，鲜花盛开，我们见到 92 岁的钱正英。她精神矍铄，十分健谈，既有着长期居上位者的气质，又有着经历一世风云的耄耋老人的通达。

新中国最“老”的部长

钱正英是共和国任期最长的水利部长。

“那年邓小平接待卡特总统，向卡特介绍，‘她是中国最老的部长。’他指的是‘longest’，翻译却直译成‘oldest’（笑）。我从 1952 年底当水利部副部长，1974 年当部长，直到 1988 年，当了 20 多年副部长、15 年部长。”

1952 年，调任中央人民政府水利部（编注：1954 年改为中华人民共和国水利部）副部长时，钱正英只有 29 岁，成为新中国最年轻的女部长。当时部长是傅作义，党组书记兼副部长是李大钊之子李葆华。钱正英是负责业务的副部长。

早在两年前，钱正英已是有名的“黄毛丫头”部长。1950年3月，年仅27岁的钱正英被任命为华东军政委员会水利部副部长，事后，钱正英得知，讨论名单时，有人反对，说“黄毛丫头”怎么能当部长？此后，“黄毛丫头”的说法传遍全国，她调任水利部后，遇到李先念，对方问，你就是那个“黄毛丫头”？

钱正英到华东水利部第一件事，是调查当时争议很大的新沂河该不该修，调查后，钱正英认为该修，但需上级政府支持。她带着报告到水利部，见到副部长李葆华，后者带她去向政务院总理（编注：1954年改称国务院）周恩来汇报，并得到支持。这是钱正英第一次见到周总理，“兴奋又紧张”。

同年，淮堤决口，治淮委员会成立，钱正英兼任工程部副部长，部长是钱正英的嘉兴同乡著名水利专家汪胡桢。

1951年秋，治淮第一期工程完成并安全度汛后，钱正英和相恋8年的黄辛白在上海结婚。婚后，钱正英没多做停留，回到治淮第一线。1952年，在淮河工地上，钱正英怀孕了，面对紧张烦琐的工作，她怕影响整体工作，考虑打掉孩子，在时任华东军政委员会副主席兼治淮委员会主任曾山劝说下，才打消顾虑。她一直工作到分娩前，产后，又很快投入工作。

1952年，调任水利部任副部长，成为新中国最年轻的部长，到1988年她离开水利部，当选第七届全国政协副主席，此间36年，钱正英见证了中国水利事业的大发展。在任期间，她主持研究、制定一系列关于我国水资源开发利用、管理与保护的方针政策和管理办法，主持编制黄河、长江、淮河、海河等流域的治理规划和全国水利建设长远发展纲要，主持完成《中华人民共和国水法》《中华人民共和国水土保持法》的起草，主持审定、决策了许多重大水利水电工程建设项目，并亲自处理了施工中的许多重大技术难题。

1981 年 1 月 4 日晚 7 点 53 分，一个值得纪念的时刻。滚滚江水驯服地从已建成的巨大的泄水闸东流而去，葛洲坝水利枢纽大江截流戗堤胜利合龙。

宣布截流成功的一刹那，强烈的闪光灯下，在场的记者发现钱正英的眼中闪着泪花。

葛洲坝水利枢纽是长江上的第一座大型水电站，也是世界上最大的低水头大流量、径流式水电站，建设过程中遇到许多技术难题。

在葛洲坝的工地上，曾流传着一个钱部长向国务院立下的“军令状”。

按预定进度，1980 年冬到 1981 年春，截断长江原来的河道，让巨流改道经由左岸泄水闸流出，抬高上游水位，实现通航发电。

但葛洲坝截流的难度大。因此，国务院需要做出重大决策：是按原定进度，还是推迟一年截流。这个决策需要根据两个条件来判断：第一期工程是否有把握投入使用、截流工程是否有把握在 1981 年夏季洪水到来前完成。

作为水利部部长的钱正英，经过反复实地考察，同各方面专家讨论，提出肯定的报告，大江截流有相当把握，建议授权工地按时机决定截流的具体时间。这就是钱部长的“军令状”。

大江截流从 1981 年 1 月 3 日上午 7 点半开始，左右两岸以每秒钟 2 至 4 车向龙口倾泻物料，当两岸戗堤前进到约 100 米时，泄水闸上下游的人工新河还没有冲刷到设计要求，这是截流的关键，如果不给巨大的水流以充分的新出路，任何力量也不能堵住长江。钱正英和其他副部长及总工程师们仔细勘察人工新河的形势，断定新河能够及时冲刷扩大。晚上10点，指挥部召开战地会议，做出决定：一鼓作气集中力量，主攻现有的戗堤，实现合龙。

事后，钱正英说，“我所以敢签字，只是因为我深深地了解和信任他们。”

1986年6月，中共中央、国务院发出《关于长江三峡工程论证有关问题的通知》，要求水利电力部广泛组织各方面的专家，充分发扬技术民主，深入研究论证，得出有科学根据的结论意见，重新提出三峡工程可行性报告。国务院开会讨论谁来主持三峡论证，最后决定，三峡论证由水电部负责，由钱正英担任三峡工程论证领导小组组长，在三峡大坝一期与二期工程建设期间，钱正英被国务院三峡建设委员会任命为三峡枢纽工程质量检查组组长。

当她接受三峡论证任务时，家里孩子反对，“你做了那么多工程也可以了，还想再找个挨骂的事？”钱正英坦言自己经手的大小水库数不清，但修一个水库就挨一次骂。那几年，她日子不好过，但她觉得有责任弄清三峡是怎么回事。

21位特邀顾问、412位各行业专家，14个专家组，花了两年零8个月，对以往的研究成果进行了全面复核和重新评估。三峡工程，已争议数十年。最后一次论证中，仍有9位专家没在报告书上签字。

报告提交后，国务院认为决策兴建三峡工程的条件已基本具备，遂将关于兴建长江三峡工程的议案提请七届全国人大五次会议审议。1992年4月3日，以1767票赞成、177票反对、664票弃权、25人末表决通过《关于兴建长江三峡工程的决议》。

此时，钱正英已经离开水利部，担任全国政协副主席。

关于三峡工程的争论至今仍时有耳闻，2009 年，在《中国水利 60 年功过》中，钱正英说，“我们已基本完成近代水利，水资源开发利用已达到世界水平前列，三峡工程就是一个标志。我们现在的问题是，新的矛盾出现了，有的地方水资源过度开发……中国正处于从近代水利到现代水利的转变过程中……关键是要转变观念，树立人与河流和谐发展的观念。”

违背父愿走上治水之路

2014 年 6 月，在中国工程院第十二次院士大会上，钱正英因其在水利上的贡献，获得全国工程科学技术界大奖，也是我国社会力量设立的工程界最高奖——光华工程科技奖成就奖，成为首位获得该奖的女院士。

某种意义上，钱正英实现了父亲曾经对她的期待——成为中国第一批女工程师，但同时，她也违背了父亲的嘱咐——绝对不要搞水利。

她的父亲钱夒曾就读于南洋大学（编注：今上海交大）土木工程系，后留美主攻水利，怀揣着科技救国的梦想回国。自然地，他把这一梦想也传给了他回国后诞生的第一个孩子钱正英。那时中国还没有女工程师，钱正英读书时，数学成绩非常好，父亲说你将来要当中国第一批女工程师。

然而，回国后他在国民政府搞水利工作，却看到官场腐败、包工作弊、工程难办，遭受一系列打击，决心不搞水利，也告诫女儿决不可搞水利。但父亲从小灌输的梦想却刻在钱正英心里。

1937 年卢沟桥事变爆发，打乱了钱正英的梦想。南京沦陷以后，全家逃难回到上海，家里供不起几个孩子读书，钱正英靠着奖学金和做家教，继续求学。1939 年，她考进上海大同大学土木工程系。

中国虽大却容不下一张安静的书桌，国家危亡冲击着钱正英科学救国的信心。在革命思想的影响下，经过激烈的思想斗争，她最终选择了“革命”这个令她的家族瞠目结舌的道路。她希望兼顾学业，一直名列“优绩生”名单。

然而，1942 年，她大四时，可能被敌人追捕，组织要求她和同志们撤退到解放区，她不得不放弃学业。钱正英在革命浪潮中，告别梦想，“投笔从戎”，但内心总是遗憾的。1941 年，她入党时，申请书上她首先写明的便是自己“生不逢时”，出于国家责任，才选择革命。

多年后，钱正英在《走上治水道路》中记述，到达淮北解放区，她向新四军第四师师长彭雪枫报到时，把遗憾告诉了他，“他安慰我说：将来我们要在半城建造一个大礼堂，你还是可以施展你的才能。”

没想到，1943 年，淮河发大水，淮河决堤，两岸成了泽国。1944 年，人民政府决定以工代赈，修复淮堤，这个土木工程专业肄业的优绩生成为技术负责人。有次房东大嫂说，女人不能上闸顶，不吉利。她很好奇，自己天天去，却没人管她。大嫂说，你不一样，你是给我们治水的。正是这件小事，让钱正英知道老百姓多么看重治水。

白天在堤上搞工程，晚上和军队打游击，以防敌人偷袭。钱正英写了首打油诗抒发胸怀：“夕照映远山，大堤临长淮。足下黄水去，天边白云来。跃跃女儿志，浩浩祖国怀。笑指对岸敌，中华屹然在。”

河堤修好后，钱正英被调到淮北行政公署当水利科科长。

能从事自己喜欢的技术工作钱正英很开心。她拿着军用地图，把淮北解放区的几个县走了个遍。她还在当地士绅家里找到些水利书籍，边干边学。抗战胜利后，钱正英在苏皖边区，负责运河南段堤防修复。她没事就研究水利，骑车在苏北大地上转，找参考书，了解淮河历史。

1947 年，她调任山东黄河河务局副局长兼党委书记。当时的同事在文中回忆，“来了个女兵，骑了一匹大白马，挎着驳壳枪。”

期间，钱正英曾两次想出国留学。1946 年，运河大堤修复后，联合国救济总署派人来考察，她负责接待，他们建议保送钱正英到美国去留学。边区政府批准后，她已准备出去，内战爆发。另一次就是到山东黄河河务局前，她觉得水利专业知识不够，写报告想到苏联学水利，曾山说工作紧张，她也没去成。

她到任一个月，就经历了黄河凌汛，这是第一个考验。

冰坝把河道堵住，很容易决口。她记得那天是小年夜，正在包饺子，听说利津冰坝堵住了，就连夜赶去。到那儿时，她身上结了雾凇，头发眉毛都是冰。

冰坝单用人力炸不开。她带了几个野战军当工兵的老部下，在冰上凿开洞，在玻璃瓶里装满炸药，塞进冰洞，连上电线，等上游的冰冲过来，在岸上引爆。“那真是壮观，大块冰块像野兽一样挤上大堤，河水奔涌而来，轰雷似的响声，黄河开河了！”

凌汛后是春修，老百姓对此很看重，把猪圈、鸡棚的石头都捐了出来，这再次触动了钱正英。

新中国成立前夕，河堤经受了黄河大洪水的考验。“取得了真正的胜利。当我深夜在办公室，等候黄河的水情报告时，我仿佛在倾听她的脉搏，并渴望医治她的创伤。”她在《走上治水道路》中说，“深深地爱上了水利这门职业。”

我还愿意参与创造今后的历史

钱正英的爱好竟也与水有关。她酷爱游泳，每周争取 2 次，每次 1000 米。1994 年 9 月，她已 71 岁，视察长江时竟下水游了近千米。

她与水相伴，从 1944 年开始，到 1988 年离开水利部，调任全国政协。钱正英与水打了 44 年交道，一路走来，并非一帆风顺。

钱正英曾在接受媒体采访时说，“我三个孩子的出生，恰恰就在我的三段挫折期。”1950 年 10 月，她的大女儿出生，取名“汇”，纪念 3 年治淮。女儿出生时，恰逢淮河内涝成灾，作为治淮委员会工程部副部长，钱正英遭到安徽省委组织的干部会的批评，上报后，中央说安徽是“事后诸葛亮”。会后，钱正英被调回上海待产。儿子取名“洪”，出生时正值 1954 年长江大洪水，她向周总理写了份自请处分的报告。小女儿取名“清”，1960 年生，三门峡水库蓄水，黄河水清。但好景不长，顾了发电灌溉，却造成上游渭河河道淤积，“在新中国水利历史上，应当讲教训最深刻的就是三门峡工程……三门峡是迷信外国，缺乏自主创新的问题。解决三门峡问题标志着我们从此扔掉了洋拐棍，开始独立思考。”

离开水利部后，担任全国政协副主席的钱正英依然对水利魂牵梦绕。她约请了一些老同事，共同编著《中国水利》一书，回顾与总结新中国水利建设所走过的道路。此书后被翻译成英文在印度出版，现已发行到世界许多国家。

她开始“跳出”水利看水利，“这就好比是照相，我当部长时，总是用近镜头看水利，退下来之后就开始照远景，更全面地看问题了。也能比较客观地看自己走过的路了。”

进入 20 世纪 90 年代，黄河开始断流。钱正英也在思考：“我们多年来一直强调治河、用水，没想到黄河水断流了。难道断流是我们治河、用水的最终结局？”

她总结几十年水利工作，探索中国水利的未来，同时反思中国水利的问题。她认识到，过去的水利工作存在着问题：粗放管理，过度开发。

1999 年，中国工程院委托钱正英和张光斗牵头，组织各方面专家，主持“中国 21 世纪可持续发展水资源战略研究”。在该报告中，她建设性地将中国纷繁复杂的水问题概括为 8 个方面的重大战略转变。

她还把目光投向了中国西部，希望为缩小东西部的差距做些事情，从西北到西南，从戈壁到金沙江沿岸都留下了她的足迹。在西大海子水库的大坝上，钱正英看见西面碧水盈盈，东面河道干涸；下游台特马湖，绿洲化为沙漠。她得知，西大海子水库建成之日，就是塔里木河下游断流之时，这对她触动很大。2003 年，在国务院学术讲座上，她讲到塔里木河，对在座的部长们说：“这不是现任水利部部长的责任，是我当年当部长时的责任。”

钱正英越来越重视河流的生态问题。针对中国河流的现状和问题，近些年，她提出“人与河流和谐发展”的新观点，以水资源的可持续利用，支持社会经济的可持续发展。为了发展，必须开发、利用和改造河流；同时，利用要有度，改造要适当，不能损害河流的自然功能，要保持河流的永续利用。近年来，她利用各种场合宣传这些观点，“目前我国在水资源管理方面存在许多误区，水利部门要从传统的供水管理转向需水管理。”

她在晚年奋笔不辍，著书立说，将她半个世纪以来的思想菁华一一呈现给广大的水利工作者。2000 年 8 月《钱正英水利文选》得以完书。

在《中国水利 60 年功过》一文中，钱正英评价自己的人生，“水利选择了我，我选择了水利。水利涉及天、地、人多方面的复杂因素，是一项巨大的系统工程。新中国的水利事业也并不‘万事如意’。在取得胜利和成绩的过程中，也经历过失败和挫折。从失败和挫折中，使我学到很多知识，这使我深深地感到，我所得到的知识，是人民以血汗代价换来的，这些知识不属于我个人。我就像计算机的存储器，几十年来水利的经验，特别是犯过的错误，走过的弯路，都存储在我这儿，所以我现在的余生的责任呢，就是要把我存储的东西都交出来，还给人民，尽量化为成就，以补偿过去遭受的损失。”

钱正英不喜欢写回忆录，她说自己是“小车不倒只管推”的那类人，“我还不想写过去的历史，我还愿意参与创造今后的历史”。

（本文转自嘉兴在线）

大师印象

一个"老水利"的思索

李大庆　颜新华

11 月 24 日上午，北京师范大学英东学术会堂。第九届全国政协副主席、水利部原部长钱正英院士在这里做关于人与河流关系的学术报告。演讲结束后，听众开始提问。一名大学生要过话筒向钱老提问：您今后还有什么打算呢？

“这几年，我对自己长期从事的水利事业进行了认真的反思。我将在有生之年尽我最大的努力，来改正我当年工作中的偏差和失误。”会场宁静片刻，然后响起了热烈的掌声。听众为这位 82 岁老人的坦诚与执着所感动。

钱老对于我国水利工作的思想有了变化，并且要“纠偏”，这使记者很感兴趣。不久前，钱老接受了本报记者的独家专访，重点谈了她对水利、对河流的新认识。

黄河断流让“老水利”反思

钱正英是个“老水利”。1945 年她就担任了苏皖边区政府水利局工程科科长。新中国成立后不久，1952 年 29 岁的钱正英担任了水利部副部长。

“我一辈子同水利事业打交道，参加过治理黄河、海河、淮河等河流的工作。”

20 世纪 90 年代，我国水利界出现了两个标志性事件。一个是黄河断流，另一个是内陆河流如塔里木河、黑河等出现断流。此时的钱老已从水利部部长的职位上退了下来，担任全国政协副主席。对于断流，水利界人士开始反思。钱老也开始了反思：“我们多年来一直强调治河、用水，没想到居然使黄河水断流了。黄河流域的开发历史有两千年以上。难道断流才是我们治河、用水的最终结局？”钱老在心里这样问自己，并不断地反思新中国的治河历史。

20 世纪五六十年代，我国水利事业的指导思想是一边强调治河，一边强调水利要为农业生产服务；到 60 年代后期，伴随着工业和城市的发展，我们的指导思想变成了水利不仅要为农业生产服务，还要为工业和城市的发展服务，为国民经济建设服务。可以说，现在这种思想依然是我国水利工作的基本思路。钱老思索：每一条河流都有其水文功能、地质功能和生态功能，我们人类究竟应该以多大的力度来开发与利用河流呢？

在担任全国政协副主席期间，由于工作上的关系，钱老接触到各个领域、各个方面的专家学者，聆听“外人”对水利工作的看法。钱老自己也能够站在水利部门之外看水利了：我当部长时，对水利就好比是照相，总是用近镜头，而退下来之后就开始照远景了，考虑得更宏观了，也比较客观了。

重新认识河流生态

1997 年，钱老当选为中国工程院院士。进入工程院后，钱老研究的第一个咨询题目就是对 1998 年洪水的认识。通过分析研究，钱老认识到现在有的地方对待洪水的治理已经进入了恶性循环：原来一条河的两岸河滩自然行洪，我们把河滩围了起来，开发做城市或用作良田。修建堤防，抬高了水位，水位抬高就再把堤防加高……如此反复，结果形成了恶性循环。在工程院关于中国水资源战略研究这个咨询课题里，钱老等人在国内第一次提出了我们人类要和洪水和谐共处的观点。

之后，钱老又参加西北水资源研究、东北水资源研究等咨询项目。在塔里木河，当地人带钱老先看了塔河中游建的一个水库———西大海子水库。钱老问人家，这个水库是哪年哪月建成的？人家如实相告。从大西海子水库往下游走，整个 300 多公里河道都没有水。钱老又问陪同人员下游断流是哪年哪月，人家依然如实相告。钱老发现：西大海子水库蓄水之日就是下游断流之时。钱老又考查了石羊河。她又发现，石羊河上的红崖山水库建成之日也是下游断流之时。2003 年 8 月，钱老向国务院汇报西北水资源项目研究成果时，把这两个故事讲给了中央领导。她对记者说："这是我特别痛心的，我当然不是反对修水库，但必须防止片面性，要通过水库合理配置水资源，使人与自然和谐共处。"

一次次的调查，一回回的思索，钱老逐渐转变了自己对水利、对河流的看法。

从今年 4 月开始，钱老等 10 位专家决定写一篇人与河流关系的文章。这 10 人多数是一辈子同河流打交道的人。他们多次讨论，反复推敲，终于写出了近 7000 字的《人与河流和谐发展》一文。文章阐释了河流自身的发展规律，总结了我国水利的发展历史和目前存在的问题，并探讨了解决这些问题的方法。

（本文转自《科技日报》2005 年 12 月 12 日）

少少女領兵征巨浪
洪涝今變平和
安瀾穩壩力磅礴
治黄尋策偉
水利寄情多
詳探資源藏蕴廣
足勘萬壑千波
立規製法繞山河
中華錢正英
青史英雄歌

臨江仙一首致敬水利水電專家錢正英 [illegible]

錢正英 英雄歌

中華錢正英 青史英雄歌

致敬水利水電專家中國重大水利工程的決策者之一錢正英院士 [illegible]

Zhong Nanshan

2016年

光华工程科技成就奖

钟南山

（1936.10.20—　　）

呼吸病学学家。福建省厦门市人。1996年当选为中国工程院院士。

钟南山1960年毕业于北京医学院（现北京大学医学部）医疗系。他通过创制科学方法首次证实并完善“隐匿型哮喘”概念。对我国慢性咳嗽病因谱进行了系统的分析，阐明了胃食道反流性咳嗽的气道神经炎症机制，创制运动膈肌功能测定法。他牵头主持我国“十五”科技攻关项目慢性阻塞性肺疾病（COPD）人群防治的系统研究。组织广东省SARS防治研究，创建了“合理使用皮质激素，合理使用无创通气，合理治疗并发症”的方法治疗危重患者，获国际上最高的存活率。他组织整理了国内支气管哮喘、慢性阻塞性肺疾病、咳嗽、SARS、人高致病性禽流感等方面的诊治指南文件。担任广东省H7N9防控专家组组长，对H7N9防控做出重要贡献。2015年成功治愈广州首例H5N6患者。

钟南山曾担任国家呼吸疾病临床医学研究中心主任，中华医学会第23任会长。荣获全国先进工作者，全国五一劳动奖章等荣誉。

钟南山 1999 年 7 月 16 日在中国人民解放军总医院

七律 * 致敬钟南山

人民健梦怎能圆？为此钻研解万难。
大爱医德昭北斗，优方药略比南山。
拦击非典成经典，果硕巍然乃自然。
体系应急真谛在：心融公众共平安。

呼吸系统疾病是我国的常见病、多发病，群防群治工作尤为重要。

要重视对病人的医药指导，加强医患协作，帮助其掌握正确的用药方法及预防措施，使大多数病人的病情获得控制。

钟南山

99年7月16日

自述

感受中国人的骄傲

我终于让他们明白了，中国人还是有值得别人学习的地方。我第一次感觉到了做中国人的骄傲。

在我的生活中，对我影响最大的是我的父亲钟世藩。父亲早年留学美国，新中国成立后是中山医科大学的一级教授，著名儿科专家。记得我刚满 13 岁那年，也就是 1949 年 10 月，在广州解放的前夕，时任广州中央医院（现广东省人民医院）院长的父亲，愤怒地拒绝了前国民政府南京卫生署让他携医院巨款撤去台湾的胁迫，义无反顾地留在了刚刚成立的新中国。

父亲热爱祖国，醉心于医疗事业。20 世纪 50 年代，国家还很贫穷，科研条件更是有限，父亲为了研究乙型脑炎病毒，用自己的工资买来小白鼠做实验，我家也成了他的实验室。“文革”时，他被迫“靠边站”，但还是痴心于他的研究，总结自己行医数十年的经验，写成了 40 万字的《儿科诊断和鉴别诊断》专著。这本书曾先后再版了六次。1987 年父亲去世。即使是在临终前，他还念念不忘自己的研究，常与我探讨病毒与磁场的关系。父亲常说：“一个人能够为人类创造点儿东西，那就没有白活。”父亲的教诲我一直铭刻于心。

我的中学时光是在华南师大附中度过的。那时，给我印象最深的是一位老师曾对我说过的一段话。他说：“人不应单纯生活在现实中，还应生活在理想中。人如果没有理想，会将身边的事看得很大，耿耿于怀；但如果有理想，身边即使有不愉快的事，与自己的抱负相比也会变得很小。”他的话很朴实，却蕴含着很深的人生哲理。在以后的日子里，我常常拿这些话来激励自己。

也许是受父亲的影响吧，1955 年，我考入了北京医学院。我酷爱体育运动，在读书期间经常参加田径比赛，成绩不错。1958 年，我由于体育成绩突出，被抽调到了北京市体训队训练，准备参加第一届全运会。在全运会上，我奋力拼搏，以 54.4 秒的成绩打破了男子 400 米跨栏的全国纪录。这也许是我五年大学生活中最光辉的一笔吧。

也正是由于我注意锻炼身体，这也为我以后完成繁重的医疗科研任务打好了身体基础。直到现在，我还坚持体育锻炼，每个星期都要同我的研究生打一场篮球。

1960 年，我大学毕业并留在了北医。从 1960 年到 1970 年的 10 年间，我干过很多工作。先是当辅导员，后到放射医学教研室任教，再后来到过农村，当过工人、校报编辑，还干过一年多的文艺宣传队。1971 年，我调到广州医学院第一附属医院，即当时的广州市第四人民医院。起初，我很想当胸外科医生，但医院的老医生却说：“钟南山已经 35 岁了，还搞什么外科？结果我被安排到了医院急诊室。

因为毕业后并没搞过临床，在一次出诊时，我将一位有结核病史的胃出血病人误诊为“结核性咳血”，差点儿误了事。此事对我刺激很大。从此，我刻苦钻研技术，废寝忘食，每天工作到深夜。在八个月时间内，写下了四大本医疗工作笔记，体重也掉了整整 8 千克，我很快胜任了临床工作。

为了响应周恩来总理关于开展慢性支气管炎群防群治的号召，1972 年，广州医学院第一附属医院成立了慢性支气管炎防治小组，我参加了这个小组，从此开始了对呼吸疾病的系统研究。当时医院在这方面的研究还是个空白，我们从痰样分析开始搞起。防治小组连一台像样的呼吸机都没有，对于危重的肺病人，我们小组的同志就用轮流手捏皮球呼吸机的办法，抢救了一个又一个呼衰病人，抢救成功率达 80%。在当时的环境下，我们小组的同志克服了很多困难，在呼吸疾病的研究方面取得了一定的成绩。

1978 年，中国的知识分子迎来了科学的春天，我作为广东省的代表参加了第一届全国科学大会。我们小组根据慢支炎病人痰液的特点所进行的中西医结合分型诊治研究，获得了全国科技大会一等奖。1979 年，我们在原慢性支气管炎防治小组的基础上成立了呼吸疾病研究所。当时由于场地不够，我们就在天台上搭了个棚子做试验。

也就是这一年，我抱着学习国外先进技术的强烈愿望，通过了国家外派学者资格的考试，获得赴英国为期两年的进修机会。那时候，国家刚刚开始搞改革，百废待兴，经济还不宽裕，为了节省经费，我们是乘火车去英国的。记得出发那天，正好是我 43 岁的生日。人生苦短，我们这一代人被“文革”浪费不少时光，我渴望早日到达目的地，投入学习、工作。

经过九天的长途跋涉，列车穿越苏联、波兰、德国、荷兰等国，终于在 1979 年 10 月 28 日到达伦敦。然而按照英国的法律，中国医生的资格在这里不被承认，因此不能单独为病人治病，只能以观察者的身份参加查房和参观实验。我的导师佛兰里教授甚至说："你在这里只能呆八个月，以后你要自己联系到别的什么地方去。"这无疑给我兴奋的心情浇了一瓢冷水。那天晚上，我彻夜难眠，祖国科技落后，我一定要争口气。

我先是从自己身上先后抽了600毫升血，做了近30次试验，将呼吸实验里的一台闲置了大半年的血液气体张力平衡仪修好。接着，我便开始搞"吸烟（一氧化碳）对人体影响"的课题。为了取得第一手数据，我连续吸入一氧化碳并多次抽血测定浓度。当一氧化碳的浓度达15%时，我感到头昏脑涨。有同事劝我停止，我坚决要求继续吸入，直至血中一氧化碳含量达到22%，这相当于一个人连续抽60多支香烟。我的实验取得了满意的效果，不但证实了弗兰里教授的一个演算公式，还发现了他的推导的某些不完整性。

那天，弗兰里教授一下将我抱住，连连说："谢谢你，谢谢你证实了我多年的设想，祝贺你有了新的发现。"他又问我："你打算在这里干多久？"

"你不是说只能呆八个月吗？"我说。

"不！你愿意在这里干到什么时候都可以。"弗兰里教授非常肯定地答道。

在英国的两年间，我与英国同行合作，先后取得了六项科研成果。1981年我要回国时，弗兰里热情洋溢地致信我国驻英使馆。他写道："在我的学术生涯中，曾经与许多国家的学者合作，但我坦率地说，从未遇到过一个学者像钟医生这样勤奋，合作得这样好，这样卓有成效。"那天晚上，我在日记中这样写道："我终于让他们明白了，中国人还是有值得别人学习的地方。我第一次感觉到了做中国人的骄傲。"

回国后，我和呼研所的同事们为赶超世界先进水平而不断努力，我们的主要研究方向是支气管哮喘的发病机理与诊治，缺氧性动脉高压的发病机理与治疗，支气管肺癌发病机理与成人呼吸窘迫综合征的防治，慢阻肺膈肌功能及慢阻肺及肺心病病人营养状态及营养疗法等方面的研究。

大师印象

毕生坚守医生的良知

金振娅

钟南山，这是一个感动中国的名字，也是一个让全国老百姓记在心里的名字。

2016 年 6 月 1 日上午，中国工程院院士、著名呼吸疾病专家钟南山的名字在北京会议中心再次响起。因在呼吸疾病领域取得的卓越成就，钟南山被中国工程院授予光华工程科技奖成就奖。这个奖项自 1996 年设立以来，仅有五位科学大家获此殊荣，他们分别是张光斗、师昌绪、朱光亚、潘家铮和钱正英。

在领奖台上，钟南山说："得奖是对我过去的一种认可，重要的是督促我在自己的领域接下来该怎么做！"

钟南山最早进入公众视野，还是在 2003 年"非典"肆虐之时。

2003 年早春，广州。迎春花还未及绽放，一个被称为"非典"的怪病，就如梦魇般扑面而来：传染性极强、病死率高、病原体不清楚，疫情无法控制……要控制病情，首先要查清病原体。当时，有权威观点认为，"非典"是由衣原体细菌导致的。人皆景从，唯有时任广州医学院第一附属医院呼吸疾病研究所（下简称呼研所）所长的钟南山及其同事表达了不同看法：“‘非典’是一种病毒性疾病。”除了病原之争，钟南山还经历了治疗方法、疫情研判两次争论。事实证明钟南山在这三个“岔路口”上的选择是正确的。若非如此，也许当年广东乃至全国的抗击“非典”工作会走更多弯路。

2009年，钟南山当选“100位新中国成立以来感动中国人物”。颁奖词中的一句话引人注目：“在关系抗击非典成败的重大问题上，他能置自身荣辱得失于度外，力排众议，坚守科学家的良知……”

如今，凭借着这种科学精神，钟南山已取得诸多不凡成就，赢得了国际广泛赞誉：在《柳叶刀》等国际权威刊物发表SCI论文100余篇；出版各类专著近20部；凭借多项科研成果的转化，对患有慢阻肺、哮喘、慢性咳嗽等疾病的人群进行了有效治疗；主持制定了甲流、慢性咳嗽、慢阻肺等多种疾病诊疗指南，尽量做到与全球最新诊疗模式的无缝对接……

虽然屡获殊荣，但钟南山始终认为，“我不过就是一个大夫”。出身医生世家的钟南山，融入血脉的医者仁心，来自父母的言传身教。在钟南山看来，医生不是“治病”，而是“治病人”。多年来，钟南山对病人的好，很多患者都曾经历过：不分年龄，不分贫富，即便对患有严重传染性疾病的患者，钟南山都一视同仁。

“非典”患者梁合东深情回忆道，他当初患病时非常狂躁，五六个人都制不住他，但钟南山来后没费太大力气就把他压住了，“钟院士让我屏住呼吸，张开喉咙让他看，我一下子就安静了”。

直至现在，在繁重的科研之外，钟南山仍坚持每周三大查房，每周四下午出半天门诊。

“我不是通才，面对疑难杂症，也有无解的时候，但我知道应该请谁来会诊，共同为病人解决问题。”钟南山说，他借助网络和国内400多个医疗点建立联系，最多的时候有8000多人共同参与查房。在网络上，他们还和加拿大、英国、美国等国的专家就一些典型病例联合查房，交流诊治经验。

父亲曾告诫钟南山，无论在何种境遇之下，都要诚实、鲜明地亮出自己的真实想法，这句话对钟南山影响至深。

“真话不是真理，它不一定是对的，但能启发大家思考就很好。当然讲真话一定要以事实为依据。”这是钟南山一直秉承的原则。从第八、九、十届全国政协委员到第十一、十二届全国人大代表，钟南山的身份虽然变了，但直言敢谏的风格一直未变。

2013年两会，他提出了“到底是GDP第一，还是健康第一”的质疑，呼吁在全国开展PM2.5监测，防治可先在重点区域进行。2014年两会，他和凌峰等院士、专家联名上书，要求严惩暴力伤医行为，直接推动了最高人民法院等多部门出台《关于依法惩处涉医违法犯罪维护正常医疗秩序的意见》。

如今，79岁的钟南山依然热爱体育运动，也依然用他的人生态度和人生境界感动着中国。

（本文转自《光明日报》2016年6月2日）

大师印象

做科研上瘾　做医生上心

李大庆

6月1日上午，北京会议中心。当钟南山院士走上主席台，从徐匡迪名誉主席手里接过光华工程科技奖成就奖时，参加中国工程院第13次院士大会的全体院士报以热烈的掌声。即将进入“80后”的钟南山，曾在13年前的SARS之战中一战成名，也曾因前些年反对烟草技术专家进入院士行列而备受瞩目。这位家喻户晓的科学家，平时工作是怎样的？日前，记者来到广州呼吸疾病研究所，了解工作中的钟南山。

他是个做科研上瘾的人。

钟南山曾在《柳叶刀》杂志上发表过两篇有代表性的论文。一篇是探究广东省SARS的流行病学特征及病因，这是他和全体医护人员冒着生命危险换来的；另一篇是被他视为“真正有创造性的第一篇”：有关羧甲司坦对慢性阻塞性肺疾病（COPD）预防作用的研究。我国每年约有120多万患者死于COPD。钟南山组织13个城市22家医疗单位的科研团队，历时1年，对700多名COPD患者做了双盲临床观察实验。结果证明，一种产自中国的廉价祛痰药羧甲司坦可显著减少COPD的急性发作24.5%，还能使这一疾病的常规治疗费减少85%。

这篇文章被国际专家评选为2008年度最优秀论文。

广州呼吸疾病研究所副所长郑劲平说，钟南山是我国支气管哮喘、慢性咳嗽、COPD、重大呼吸道传染性疾病防治的领军人物。他领衔团队制定了国内支气管哮喘、慢性咳嗽、人高致病禽流感等疾病的诊疗指南；深入研究了哮喘的发病机制，首次提出了无症状型哮喘的概念，研发了简易支气管哮喘激发试验仪器，制定了适合国人吸入皮质激素有效及安全的剂量，并在全国推广应用。他率团队对我国临床慢性咳嗽的正确诊断与治疗作出了重要贡献。

虽为院士，但钟南山坚持到医院里查房。一次查房中他正与医生们讨论3床患者的病情，4床患者听说这就是钟南山，于是上去抱住了钟南山的大腿，非让他为自己也看看病。钟南山马上俯下身子，扶起病人，告诉他现在有事不能马上为他看病，但保证找个时间为他诊治。事后，钟南山兑现了诺言。他不愿让已很痛苦的病人再增加一次失望。

2003年，广州高三学生关伟杰，陪家人到医院看病。钟南山对病人如家人的态度深深地感染了他。高考时他志愿学医。大学毕业后他如愿做了钟南山的博士生。如今已成为钟南山支气管扩张科研团队一员的关伟杰说，钟老师教我的是做人。他教我如何问诊，要求我跟踪病情，把电话打到病人家里追问治疗效果。钟老师强调医学研究必须从临床出发，通过临床—基础—临床反复转化验证，最终把成果应用于临床实践。

多年来，只要在广州，钟南山每周三都到病房查房，每周四下午都坚持出门诊。钟南山一般只看疑难或重症病人。病人可以先挂钟南山团队的号，如果团队成员解决不了再转给钟南山诊治。这样极大地提高了效率。

查房之前，助手们已把需要钟南山诊治的疑难重症患者的资料送给他，所有的医生、实习生都希望倾听这位院士对患者病情的分析判断。钟南山说，病人的情况大家都有所了解，想通过大查房大家一起讨论病情，使医生们都有所收获。钟南山还经常会找其他学科的医生来为病人会诊，包括心脏、骨科、肾病、血液等学科的。他说："我不是万能的，我的本事就是知道请哪个学科的医生前来会诊。"

想听钟南山大查房的医生越来越多。医院便利用网络会诊，让更多的人从中受益。钟南山大查房最多的时候有 8000 多人网上网下同时参与。通过网络，钟南山还与加拿大以及中国香港等地的专家共同查房。

大查房，讨论分析病情，这是钟南山培养人才和提高年轻医生诊疗水平的重要手段。

（本文转自《科技日报》2016 年 6 月 2 日）

大师印象

与疾病作战永远没有尽头

陆 琦

中午12时18分，记者终于等来了身着白大褂的中国工程院院士钟南山，此时距离约访时间已经过去了近两个小时。

“抱歉，刚好有个紧急的病人。”尽管日理万机，但具有运动健将体质的钟南山看上去还是比实际年龄小很多。

得知此次采访的缘起是因为荣获第十一届光华工程科技奖成就奖，钟南山打趣道：“之前获奖者都是各个领域的泰斗，我不过就是一个看病的大夫，没法跟工程界泰斗相提并论。”

是医生，更是病人的朋友

80高龄的钟南山，日常工作繁重，却始终不曾远离一线病人。他笑称自己是活跃在第一线的“80后”。

他每周四下午到广州医科大学附属第一医院出门诊，一下午看十几个病人，每个病人看半个钟头。“病人到了我这里，我就要对他们负责任。”

钟南山几十年来形成了一个习惯，也几乎是一种本能：为患者着想。

“钟院士就像病人的朋友一样。”广州医科大学第一附属医院广州呼吸疾病研究所教授郑则广，曾是钟南山的博士生，实习时接触的第一个病例令他印象深刻。

他记得，那是一个哮喘病人，采用吸入疗法进行治疗。钟南山让他教病人吸入的方法，并要求他主动跟踪，了解病人每个星期治疗的效果。郑则广当时特别不理解：“病人来看病，医生开药不就行了？”

钟南山经常教导他的学生，做事先做人。“做人不是善于钻营，而是要尊重人、平等待人。”钟南山说，“对病人态度好，有了病人的共鸣和信任，病人才会配合治疗，这样的治疗效果才会好。”

无论病人是少年还是壮年，无论病人是哪种病情，即使有严重的传染性，钟南山都一视同仁。

了解钟南山的人都说，他在抗击非典斗争中主动请缨，绝非偶然为之的心血来潮，而是出自内心的召唤。

直到今天，钟南山给病人看病都是主动俯下身，把病人扶起来测血糖、做触诊，然后再扶病人躺下，为病人掖好被子。

正如一位记者在报道中写的：“钟南山对病人的态度，随时随地可以测量出来。”

一个病人就是一个课题

才下“烽火台”，又上“演兵场”。

钟南山就这样，每周坚持出门诊看病人，每周坚持查房。每逢周三上午，钟南山都会例行查房，他的学生、护士、护士长、主治医生、主任医师一溜烟儿地紧随其后。

“1992 年我刚到医院，钟院士的大查房就已经开始了，至今没有间断过。”广州医科大学第一附属医院广州呼吸疾病研究所教授张挪富说，“他主要是看一些诊断和治疗有困难的疑难病人，解决我们没有解决的问题。”

给病人看病，钟南山有一个特点。他常说，不是靠他一个人解决问题的，而是靠他组织大家来解决问题。

因为在钟南山看来，医德好最重要的含义是要解决病人的具体问题，要千方百计提高自己的业务水平，自己不能解决的就找人解决。

“我其实没有多大本事。我对自己这一样懂得多一点，其他方面像心脏、胃肠、肝脏等，我根本不懂。”钟南山认真地说，“医生给病人看病，不能像铁路警察，各管一段。”

每次大查房，钟南山都协调组织多学科专家，从不同角度联合诊断。“最多的时候有 8000 多人一起参加视频查房，其中还有国际专家，经过讨论百分之八九十都能解决问题。”

一些难度较大的病，钟南山视之为对自己学术研究的一个挑战。在临床实际操作，回到后方又进行科研攻关。

“实践医学是可以比较快速地看到结果的，一边实践，一边科研。这样，对病人进行一个短时间的治疗，就会有一个科研上的认证。”钟南山说，“不能只是搞研究，主要目的还是要解决病人的问题。”

顶天立地为人民

慢性阻塞性肺疾病在中国是人群死因前三位的一种疾病，也是钟南山的一个重要研究方向。

他带领团队于 1999 年提出对慢阻肺进行早期干预，经过十多年磨砺，第一次从流行病学证实生物燃料可引起慢阻肺，第一次发现两种老药用于预防慢阻肺急性发作安全有效。

相关成果被写进世卫组织编撰的新版慢阻肺全球防治指南。其中两篇论文分别被评为《柳叶刀》2008 年度最佳论文和 2014 年度国际环境与流行病研究领域最佳论文。

“顶天立地为人民。”广州医科大学第一附属医院广州呼吸疾病研究所博士关伟杰这样概括，“我们的选题都来自临床，再转化应用回去指导临床。”

年龄越是增长，钟南山越是想给社会多作些贡献。父亲曾经的教诲，一直占据着他的思想：一个人活着，应该给社会贡献什么？

钟南山目前最大的心愿，就是加快广州呼吸中心的建设。“这是我一辈子的愿望。”他希望能够搭建一个平台，为年轻人的发展以及我国呼吸疾病的产、学、研合作发挥积极作用。

钟南山特别重视对年轻人的培养。几十年如一日，他始终辛勤耕耘在教育教学第一线。

“平时工作那么多，他还坚持为本科生授课、开讲座。”张挪富补充说，“他同时担任广州医科大学南山班的班主任，经常主动关心学生学习和思想动态。”

此外，钟南山的社会活动也很多，他常常周末都在开会、参加公益活动。“经常挨老伴批评。”钟南山笑了，“在家时间少，跟家人交流少，这方面不大合格。”

（本文转自《中国科学报》2016 年 6 月 1 日）

大师印象

“我不过是一个看病的大夫”

刘大江　余晓洁　欧甸丘

6月1日，中国工程院院士、著名呼吸病学专家钟南山荣膺第十一届光华工程科技奖成就奖。获得这项中国工程界最高奖项的，迄今仅有6人，包括钱正英、潘家铮、朱光亚、师昌绪、张光斗等科技界泰斗。

采访学术大师，原以为是一个高山仰止、膜拜朝圣的经历。令记者感到意外的是，这位科学界的传奇人物，竟是眼前这位幽默地自称“80后”的八旬老人。更意外的是，一开口，他竟如此谦逊：“我不过是一个看病的大夫”。

看病大夫，永远在基层一线，这是一个科技界大师的自我定位。就是在这个人生定位中，钟南山的事业展开了辉煌的画卷。

熟悉钟南山的人都知道，这个八旬院士至今还在一线工作。“挂钟院士的号”，是很多患者的最大心愿。钟南山每周都安排有固定时间坐诊“专家门诊”，一般一个下午看10多个患者，都是经过筛选的疑难杂症。钟南山对每个病人都仔细参询，有的时候看一个病人要花半个小时。“这些病人不容易，从外地大老远赶过来，很多还来自宁夏、黑龙江等地”，钟南山说，医学是对人的治疗，医生是治病人，而不仅仅是治病。广州医科大学附属第一医院 26 楼病区区长郑则广教授说，看钟院士坐诊，感觉他是病人的医生，更是病人的朋友。

每周三上午 9 时至 12 时是钟南山的固定查房时间，这是雷打不动的习惯。从 1992 年至今 20 多年，钟南山的“院士大查房”基本上没有中断过，只要他在广州，每周三都如期进行。

广州医科大学附属第一医院呼吸内科主任张挪富告诉记者，每周三上午，各个楼层的疑难病人都会汇集过来，我们会提前一天把那些疑难病人的材料给院士，第二天院士会过来与我们集体会诊。很多时候一天查房只能看 3 个案例，有时在病房看完一个病号，临床的其他病人抱着院士的腿，哭着不让走，院士就会告诉他：“我肯定会给你看，但今天已经排满时间了”，院士说到做到，周四或周五总会腾出时间来看这个病人，兑现承诺，“他总是对病人这么好”。钟南山说，我不是万能的，只是协调组织。查房时，多听听兄弟单位的意见，再一起讨论讨论，85%至 90%的问题都能解决。

一辈子历经沧桑，钟南山早已看淡了世间荣辱得失，但唯一不能看淡的，是病人的期待和需要。这，才是他医学研究之根，是大医济世的生存价值和意义。

凭借苦行僧般坚毅、执着的研究实验，钟南山一次又一次站在国际医学潮流的前沿。2000 年 1 月 24 日，国际临床医学权威杂志《柳叶刀》公布了 3 篇 2008 年度最优秀论文，由钟南山领衔的论文《羧甲司坦对慢性阻塞性肺疾病急性发作的作用（PEACE 研究）：一项随机安慰剂对照研究》，得票数最高。钟南山领衔的团队经过研究发现，一种常用的廉价国产祛痰药物——羧甲司坦，可显著减少慢性阻塞性肺炎的急性发作达24.5%，可使这一疾病的常规治疗费减少85%。这是我国学术界有史以来第一次在《柳叶刀》上被评选为论文第一名。

一位永远在基层一线的“看病大夫”，务的是实，求的是真，这种科学精神，让钟南山讲真相，说真话。2003年在SARS猖獗的非常时期，钟南山讲出了科学的真相，不仅为成功抗击非典立下汗马功劳，而且还赢得国际社会对中国的赞誉。

只有坚实的大地，才能托起星辰云河。

末了，钟南山告诉记者，亚洲呼吸医学中心筹备好多年，今年终于可以落实。这是他今生最大心愿。

这位80岁的“看病大夫”开心地笑了，像个孩子。

此时，记者想起一句话：功如黄钟大吕，淡若南山之菊。

（本文转自新华社2018年6月1日报道）

人民健夢怎能圓，為此鑽研解萬難。
大愛醫德昭北斗，優方藥略比南山。
擱學非典成經典，果碩巍然乃自然。
體系應急真諦在，心融公眾共平安。

大愛醫德昭北斗
優方藥略比南山

七律一首 致敬呼吸病學專家抗擊非典的領軍人物公共衛生體系因件應急體系建設 鍾南山院士

徐匡迪

Xu Kuangdi

2018 年

光华工程科技成就奖

徐匡迪

（1937.12.11—　　）

冶金学家，战略科学家。浙江省桐乡市人。1995 年当选为中国工程院院士。

徐匡迪 1959 年毕业于北京钢铁学院（现北京科技大学），长期从事高校的教学与科研，曾赴英国帝国理工学院做访问学者，被聘任为北欧喷射冶金公司副总裁。他创新众多的科技成果。如喷射冶金技术，在 1980 年代初提出 RH-IJ 法（真空循环脱气加喷粉）处理大型转炉钢水，冶炼超低硫、氧钢（≤0.005%），获得英国、瑞典专利，并用于制造英国北海油田石油管线钢和新日铁生产的西伯利亚输油、气管线钢。他设计的 SGDF 喷粉罐，在大量企业应用。他推动中国钢铁工业的结构调整，促进先进技术应用，在构建可持续发展的绿色钢铁生产新工艺流程、提高中国钢铁工业竞争力等诸多方面发挥了重要作用。他主持并参与了若干国家重大科技发展战略研究，首倡了诸多新的发展理念。他是英国皇家工程院、瑞典皇家工程院、美国工程院等外籍院士。

徐匡迪曾经担任上海市市长，中国工程院党组书记、院长。2003 年当选第十届全国政协副主席。

徐匡迪院士和上海久隆模范中学的毕业生在一起

渔家傲 * 致敬徐匡迪

市长科研双互补，领军钢铁执旗舞。政策匡扶发展促，携众筑，城飞技创同提速。后俊精培加力度，启迪浩气青春路。奋斗人生珍起步，休踌躇，置身须向极高处。

正处於人生转折关头、选择事业的重要时刻，“位卑未敢忘忧国”、祖国利益高於一切，始终是鞭策自己的座右铭。

钢铁冶金学科既有理论上的难度、深度，又有很强的实践性，要想在特殊钢的品种质量上有突破，必须在理论和实践的结合上下苦功夫，成果来自理论与实践的紧密结合。

徐匡迪

九九年六月十日

自述

匡扶正义，迪吉平安

回顾自己的成长过程，在处于人生转折关头，选择事业的重要时刻，“位卑未敢忘忧国”，祖国利益高于一切，始终是鞭策自己的座右铭。

我家祖籍运河岸畔的崇德，县治在今浙江省桐乡市西南。父母寄寓杭州。“楼观沧海日，门对浙江潮”，简洁传神地描绘了故里雄奇明秀的水色山光。

难忘的童年记忆

1937 年 7 月，日本发动了蓄谋已久的全面侵华战争。11 月初，日军偷袭杭州湾，在金山登陆，扑向嘉兴、苏州，父母于颠沛流离的逃难路上生下了我，取名“抗敌”，希望我永记国恨家仇、精忠报国。读书后，一位老先生征得父母同意，帮我改名匡迪，寓意“匡扶正义，迪吉平安”。

我的童年是在云南昆明度过的。抗战时期的昆明是西南的文化中心，北大、清华和南开大学内迁昆明后，组成了国立西南联大，但大批毕业生难以找到合适的工作，于是，不少人屈就于小学任教。我就读的小学里，许多老师都是西南联大的优秀毕业生，他们爱国的热忱，勤奋的教学，深深地融入我们幼小的心灵之中。

我忘不了国语老师朗读爱国诗人陆游“王师北定中原日，家祭毋忘告乃翁”诗篇时的悲壮激情；也忘不了历史老师讲述岳飞、文天祥、史可法等爱国志士浴血抗敌、以身殉国的情景；更忘不了地理课堂上，一位东北籍老师一边在黑板上画着山河破碎的中国版图，一边流着热泪说，中国像一片大桑叶，日本就像一条蠹虫，正在一点一点地蚕食我们的国土。半个世纪过去了，我亦年已花甲，但每每忆及这些情景，仍会潸然泪下，激动不已。

回顾自己的成长过程，在处于人生转折关头，选择事业的重要时刻，“位卑未敢忘忧国”，祖国利益高于一切，始终是鞭策自己的座右铭。

1945 年秋，终于盼到了日本投降。不久，我随父母离开茶花艳若朝霞的春城，回到西湖之滨的家园。青少年时代，我就读于省立杭州高级中学（杭一中），这是一所全省招考、择优录取的寄宿学校，著名的教师、朴实的校风、严谨的教育为我们打下了品行和知识的基础。坐落在古朴美丽校园中的科学馆、图书馆是最吸引我的两个地方。每当读到一本好书，我常常是爱不释手，也养成了一生对书籍的爱好。而蝴蝶标本的制作成功，西湖水酸碱度随季度变化的测定等，使我养成了要搞清一个自然现象，就必须亲自动手，细致地做好每一件小事的习惯。它们都使我终身受益无穷。

立志投身钢铁事业

1954年初，临近高中毕业，同学们开始思考理想和志愿。“一切服从党安排，祖国的需要就是我的第一志愿”，这是我们那一代青年的心声。

当时，正值国家制定了过渡时期的总路线，提出“钢铁工业是一切工业基础的基础”。报纸上几乎每天都大幅报道鞍山钢铁公司的大型轧钢厂、无缝钢管厂和七号炼铁高炉胜利开工的消息。我被火热的钢铁工业深深吸引住了，决心以钢铁冶金作为自己毕生的事业。

1954年，我如愿考上号称“钢铁摇篮”的北京钢铁学院，从而和钢铁结下了不解之缘，一干就是30多年。在大学里，我开始了解到我国古代曾有过冶炼技术的辉煌业绩，对推动中华古文明的发展功不可没。为了抵御西方列强的船坚炮利，发展近代钢铁工业，也曾是几代中国仁人志士的梦想，但都被腐朽的社会所吞没。新中国要强盛，必须要有自己的钢铁工业。

当时，我国钢铁工业与欧、美的巨大差距，激发了我们那代大学生的奋发学习激情。五年的大学生活是紧张而丰富多彩的。当时尽管教学设施远比现在简陋，但一大批我国著名冶金学者，如魏寿昆、林宗彩、朱觉等教授的言传身教，为我们打下了扎实的专业基础。

实践表明，我国的冶金学科教学水平决不逊于世界先进国家。记得1984年，我在瑞典一家公司担任副总工程师时，有一天总裁拿来一份钢包喷粉处理设备的设计书让我审阅，我发现钢包内钢液流动的计算有误，不符合流体力学的原理，便向一位美国名校毕业的机械设计师指出，当时他颇不服气地问我：“你在哪儿受的教育？是美国？

是英国？”我说：“既不是美国，也不是英国，而是中国。”这场争论的最后，公司总裁把真理判给了中国毕业的我，还要我给公司工程技术人员讲述冶金过程中熔体流动的流体力学。

绚丽的北钢大学生活，不仅为学生创造了专业学习的良好环境，也给学生提供了参与自身管理的锻炼机会。我先后加入过校田径队、合唱队、足球队与管弦乐队，担任过班长、团支部书记、总支委员和校学生会副主席。五年的“钢铁摇篮”生活，为我奠定了治学的根底，确立了做人的根本。

成果来自理论和实践的结合

1963年，我从北京钢铁学院调到上海工学院（今上海大学）任教。那一年，中国科技战线发生了两件大事：

一是周总理在上海科学技术工作会议上，号召科技界发挥主人翁精神，加强责任感，正确处理理论和实践、任务和学科的关系，认真实现领导、专家和群众的三结合，以及科研机关、学校和生产部门的紧密协作。

二是国家正在制订科学技术发展的十年规划，要求自力更生解决我国社会主义建设中的关键性技术问题，在重要的和急需的方面力争接近和赶上世界先进科学技术水平。

钢铁专业既有理论上的深度、难度，又有很强的实践性。要想在特殊钢的品种、质量上取得突破，就必须在理论和实践的结合上下苦功夫。我和上海工学院的师生投入理论联系实际，教学与科研相结合的天地，带着问题去工厂实践，和车间工人、技术人员一起改进不锈钢炼钢工艺，炼出了因苏联撕毁合同后，国防急需的高纯度航空用不锈钢。

20 世纪 60 年代中期开始的“文化大革命”，使我正开始的几项科研工作被迫中断，还曾下放安徽省凤阳“五七干校”。在知识受到践踏，知识分子斯文扫地、报国无门的 10 年，我亦有过短暂的困惑和忧闷。“狂时欲碎玻璃镜，还我青春火样红。”但是，不甘岁月蹉跎的责任感，推动我在灯下系统地自学了新的专业基础理论和英语。

耕耘不会没有收获。1978 年 3 月 18 日的全国科学大会上，小平同志拨乱反正的讲话仿佛是驱散阴霾的晴空丽日，融化了极“左”路线歧视知识分子的百丈寒冰，送来了暖彻心头的阳光。科学的春天来到了神州大地。

20 世纪 70 年代末至 90 年代初，我和同事们在钢铁冶金学科中抓住国际发展前沿，共完成了六项科研任务，成果均先后走向工业应用。其中，超低硫深海石油管线用钢还取得英国和瑞典专利权。

我的微薄贡献受到了党和政府的莫大鼓励，授予我国家级有突出贡献专家、全国教育系统劳动模范与中国工程院院士的荣誉。20 世纪 80 年代初，国家又给予我英国帝国理工学院短期访问学者和受聘瑞典斯堪的纳维亚·兰塞尔公司任副总工程师、技术副总经理的机会。使我眼界更加开阔，技术上日臻成熟。钢铁冶金已经成了我生命的一部分。

20 世纪 90 年代初，组织上要我走上党政领导部门工作。1995 年 2 月，要我挑起上海市市长的重担。我仍旧割舍不了对自己专业的恋情，继续担任着上海大学的博士生导师，以及母校——北京科技大学钢铁冶金专业兼职博士生导师，经常利用周末和晚上的时间，指导两位在读博士研究生。

“谁言寸草心，报得三春晖。”回顾自己所走过的生活历程，我衷心感谢师长们春风化雨的教诲与同事们雪中送炭的帮助，感谢党组织给予我的教育与激励，我将不断努力，回报养育、培养我的祖国。

大师印象

校长、市长、院长的八旬人生

李大庆

2018 年 5 月 30 日下午，北京会议中心。

当徐匡迪院士走上主席台领取光华工程科技奖成就奖时，全场爆发出了热烈的掌声。这掌声似曾相识：16 年前，当徐匡迪从老院长宋健手里接过中国工程院的帅印时，全场曾爆发出热烈的掌声；8 年前，当徐匡迪把这个帅印交到新院长周济手里时，全场再一次爆发出热烈的掌声。

人过留名，雁过留声。当过校长、市长、院长的徐匡迪在中国工程科技界留下了深深的印痕。

当选院士

1995 年，徐匡迪当选中国工程院院士。那时他刚刚上任上海市市长不久。或许某些人的心里会想：他作为一个官员当选院士会不会有照顾或……

其实，这些想法是多余了。在当市长之前他已蜚声国际冶金研究领域。《科技日报》记者曾经在采访徐匡迪时问到：听说国际冶金界有用您的专利命名的精炼法，并且是在国外首先使用的。为什么不在中国首先使用？

徐匡迪回答：因为当时中国还没有这种技术需求。

20 世纪 80 年代，徐匡迪是国际冶金界极其活跃的人物。在相关的国际会议上，总能见到他的身影，听到他的笑声。渊博的知识，独到的见解，以及人格的魅力，这使他经常成为台上台下的焦点人物。

1982 年，徐匡迪公派到英国帝国理工学院做访问学者。他和研究团队解决了大口径输油管线钢精冶中的超低硫工艺技术，使钢中含硫量低于十万分之一。他先后在英国和瑞典申请了专利（那时中国大陆还没有专利制度）。这个技术首先在英国和瑞典合作的北海油田上采用。之后，日本新日铁公司也采用此技术生产防腐性好、强度高的管线材料，并大量出口到俄罗斯及北美。

他所设计的 SGDF 喷粉罐，在国内 78 家中小企业得到应用。除此以外，他还在不锈钢精炼、熔融还原动力学以及焦炉煤气制氢等方面的研究取得研究成果。21 世纪以来，他努力推动中国钢铁工业的结构调整和先进技术的应用、构建可持续发展的绿色钢铁生产新工艺流程，并在提高中国钢铁工业的竞争力等诸多方面发挥了重要的作用。

在中国，徐匡迪首先是冶金专家，然后是上海大学校长、上海市市长，之后才是中国工程院院士。

他是给中国工程科技界增添光彩的“一颗星”。

钢 铁 报 国

1954 年，徐匡迪考上了北京钢铁学院（现北京科技大学）冶金系。多才多艺的徐匡迪高考前的理想志愿曾经是艺术，他酷爱音乐。但临考大学之前，他听说了祖国的钢铁事业需要大批有志青年加盟时，他毫不犹豫地选择了这个专业。

他的一生与爱国和钢铁结缘。

“抗日战争初期，一个小小的日本年产钢铁 1400 万吨，而偌大的中国年产钢铁还不到 10 万吨。”所以，日本能把他们的“钢铁”源源不断地扔到中国。徐匡迪的祖父就是被日本人的炸弹片击中而亡的。他说，我与日本人有“家仇”。

他原名叫徐抗敌。

他出生在父母躲避日本人轰炸的逃难路上，生日是 1937 年 12 月 11 日。那一天，日本人正在猛烈攻击中国首都南京，两天后南京沦陷。父亲给他取名抗敌，以激励其不忘“家仇国恨”。

1944 年，徐抗敌上小学二年级。那时，日本鬼子在中国像是秋后的蚂蚱，蹦跶不了几天了。老师说，你也不用一辈子抗敌了，我给你改个名字，叫匡迪吧。取“匡扶正义，迪吉平安”之意。

有家仇国恨的人，为了祖国选择钢铁人生是不会有任何后悔的。他说，听到这样的数字你不能不动心：新中国成立初期，中国的钢铁产量才 16 万吨。

对于一个想以钢铁报国的人，刻苦学习是不需要动员的。

后来，正是他在冶金领域成了能让外国人刮目相看的中国人。

1984 年，徐匡迪被邀请到国际著名的喷射冶金公司——瑞典兰塞尔公司做副总工程师。一次，他通过自己从国内带去的炼钢镜判断出一炉钢的出钢温度仅有 1600℃左右。徐匡迪坚持该炉不列入喷射冶金的“试验供货”计划，对方在炉前记录上写下了“徐教授认为这炉钢温度不够”，并让徐匡迪签了名。事后证明徐匡迪的判断是正确的：

由于温度不够有近 200 吨钢水冻在钢包中。

从此，每当试验炉出钢时，对方总让徐匡迪用“中国眼镜”看看温度如何。

对于徐匡迪，兰塞尔公司是极力挽留。在谢绝了公司的好意后，1986 年徐匡迪回国效力了。

对于自己的回国，徐匡迪用“吃蛋糕理论”来形容：中国的改革开放就是一部历史戏剧，“如果在戏剧最精彩的时候，你到外面吃了两个蛋糕喝了点咖啡，等到你吃完喝完再进去的时候，最精彩部分已经过去了。”

徐匡迪不仅看到了中国改革开放这部大戏，而且在其中扮演了一个重要角色。他是那种努力把中国蛋糕做大的人。

论证雄安

2001 年底，卸任上海市市长后，徐匡迪前往中国工程院履新。第二年 6 月，徐匡迪高票当选中国工程院院长。他是继朱光亚、宋健之后的第三任院长。

“除了院士增选工作外，我在工程院把主要的力气花在了咨询工作上。”徐匡迪所说的咨询工作，就是给中央起智库的作用。

他主持并参与了若干国家重大科技发展战略研究。包括《国家中长期规划战略研究专题Ⅲ：制造业发展科技问题研究》《装备制造业自主创新战略研究》《中国新型城镇化战略研究》等。其中的《中国新型城镇化战略研究》首先提出了“以人为本的城镇化”理念，得到了国家领导的高度认同。

2015 年，习近平总书记提出京津冀协同发展的战略目标。中央要徐匡迪牵头组成专家咨询委员会，对总体规划、京津冀三地的功能定位、发展目标等进行论证。他组织国内外专家对雄安新区的总体规划做了数十次论证，圆满完成了总体规划的任务。

目前，雄安新区的建设正在稳步推进。

虽然已经过了 80 周岁，但徐匡迪这个自称“退休了的老头”，还在为中国梦而奋斗。

（本文转自《科技日报》2018 年 5 月 31 日）

大师印象

毕生坚守强国梦

陆 琦

他是享誉国内外的工程师、科学家、教育家、外交家和政治家，可他却说“家”不敢当，自己只是“工作者”。

他是继张光斗、师昌绪、朱光亚、潘家铮、钱正英、钟南山之后的第七位光华工程科技奖成就奖获得者，对于获奖他真诚谦卑地说了句“受之有愧”，要感谢国家的培养、同事的帮助和家人的支持。

他是一位儒雅的学者，是一位平易近人的师长，也是一位好丈夫、好父亲。

他，就是徐匡迪。

为国而学铸就钢铁人生

20 世纪 50 年代初，新中国百废待兴，徐匡迪放弃了自己颇有天赋的音乐理想，怀着钢铁报国的远大志向，于 1954 年考入了当时被誉为“钢铁摇篮”的北京钢铁工业学院，并由此开始了一段光辉的“钢铁人生”。

他长期从事电炉炼钢、喷射冶金、钢液二次精炼及熔融还原的研究，研制成功 SGDF 型喷粉罐并广泛应用，研究成功生产高纯管线钢的真空循环脱气喷粉技术。他的学术思想及其新技术，不但在国内得到广泛应用，而且也被世界同行采纳及应用。

改革开放后，徐匡迪游学欧陆，应邀到英国帝国理工大学做访问学者，后又被邀请到世界著名的喷射冶金公司——瑞典兰赛尔公司做副总工程师。

他在兰赛尔公司工作的时候，通过自己从国内带去的炼钢镜判断出其中一炉钢的出钢温度不达标。在他坚持该炉不列入“试验供货”计划时，对方在炉前记录上写下“徐教授认为这炉温度不够”，并让他在下面签字。

后来的事实证明，徐匡迪是正确的，由于温度不足导致近 200 吨钢水冻在钢包中。自此以后，每当试验炉出钢时，对方总要徐匡迪用“中国眼镜”看一看温度如何。

瑞典方面为了吸引徐匡迪留任，开出高薪，提出把他的夫人及子女接到瑞典。然而，徐匡迪拒绝了。他在完成了原定项目后，如期回国。

在英国和瑞典学习工作的经历带给徐匡迪更广阔的事业，也引导他开始关注经济，为后来从事宏观经济管理工作打下基础。

从学界到政界的无缝衔接

20 世纪 80 年代到 20 世纪末是徐匡迪的学术高潮期，也是上海快速发展的一个重要时期。这段时间，徐匡迪本人的事业也取得了蓬勃发展。

从瑞典归来，时任上海大学校长钱伟长便提名徐匡迪出任上海大学常务副校长；1989 年他被任命为上海市教育卫生办公室（教卫办）

副主任兼高等教育局（高教局）局长；1991 年随时任上海市市长朱镕基出访欧洲后，又因其经济学领域的学识受到朱镕基欣赏而出任上海市计委主任一职。

1995 年对于徐匡迪而言可谓是双喜临门，2 月份成为上海市市长，同年又当选中国工程院院士。

担任上海市市长期间，徐匡迪不仅以卓越的领导能力带领上海蓬勃发展，更以亲民、务实、儒雅的形象赢得了上海市民的爱戴。

成功举办 2001 年 APEC 会议、成功申办 2010 年世博会……他以科学家的严谨、实干家的赤诚，创造了世纪之交上海的飞速发展。

他关注民生，治理苏州河取得成功。他关心发展教育，尤其关注贫困学生的成长成才。在他的倡议和推动下，上海市第一所免费高中——久隆模范中学于 2001 年 9 月正式成立。作为久隆教育基金的发起人之一，从 2002 年开始，他就把自己每年的院士津贴全额捐赠给该基金。

上海的干部群众提起他为上海人民做的实事，至今仍赞不绝口。

对于从学界到政界的角色转换，徐匡迪认为“这没什么”，从事工作的目的就是立志报国，努力学习每一个新的工作岗位所需要的知识，做好每一个岗位的工作。

勇挑重担的战略科学家

一路走来，中国工程院成为徐匡迪担任行政工作的最后一站。

但这无疑也是给他带来颇多荣誉和辉煌的一站。用他的话说，是“大家亲密合作、心情最愉快、备感光荣与责任的一站”。

回想起刚到工程院工作的情景，徐匡迪的内心至今仍感到温暖。

朱光亚院长语重心长地叮嘱他："工程院的工作，首先要把院士队伍建设好"，宋健院长则对他说："匡迪同志回家了！"

徐匡迪在中国工程院度过了 8 年时光。而这 8 年，也正是中国工程院取得快速发展的时期，从院部办公环境的改善到机构编制的增加，再到院士咨询研究体制的逐步成熟……

徐匡迪在 2010 年 6 月举行的中国工程院第十次院士大会上正式卸任。虽然从院长的岗位上退下来，但是他并没有停歇，依然发挥着一位战略科学家的作用，时刻关心国家未来工程科技发展，主持并参与了若干国家重大科技发展战略研究。

他在《中国新型城镇化战略研究报告》中首先提出了"以人为本的城镇化"理念，得到了国家领导的高度认同，报告作为 2015 年全国城镇化工作会议的参阅材料，发至各省、部级领导。

2015 年，习近平总书记提出京津冀协同发展战略，根据中央要求，他牵头组织专家咨询委员会，对总体规划、三地的功能定位和发展目标等进行论证。同时，为论证在河北省建立雄安新区的可行性，他组织专咨委和国内外专家对雄安新区的总体规划进行了数十次论证，完成了总体规划。

"我现在是告老还乡了，练练书法、听听音乐，陪老伴散散步，一家人聊聊天。"81 岁的徐匡迪依然儒雅亲和。

（本文转自《中国科学报》 2018 年 5 月 31 日）

大师印象

愿得此身长报国

金振娅

“楼观沧海日，门对浙江潮。”浙江崇德，一个美丽的地方，虽是他的故土，但却因为日军的侵袭，他的父母背井离乡。1937 年，在逃难路上，母亲在一个冰冷的冬日生下了他，故为其取名为“徐抗敌”。

一路颠簸到了昆明，他进了西南联大附小读书。老师为这位聪慧果敢的少年改名为徐匡迪，意为“匡扶正义，迪吉平安。”

一种强烈的家国情怀就这么融入了他的血液里，直至耄耋。多年来，从学界到政界、再到学界的回归，历经战略科学家、教育家、政治家、冶金学家等多种角色，跨界之广实属少有，但他在各个领域都作出了卓越的贡献。

他的一生获奖无数。5 月 30 日，徐匡迪获得第十二届光华工程科技奖成就奖，该奖项被誉为中国工程科技界最高奖项，主要奖励在工程科技及管理领域取得突出成绩和重要贡献的工程师和科学家。该奖1996 年设立，每两年颁发一次，每届仅一人。

国家的需要就是努力方向

5月已过去大半，上海的气温陡升至36℃，夏天就这样说来就来了。徐匡迪身着白色半袖上衣和黑色长裤，头戴一顶米色鸭舌帽，伴着一阵爽朗的笑声翩然而至。

“对不住大家了，这两天上海的天气太热。”徐匡迪虽两鬓斑白但面色红润，始终面带微笑，谦和厚重、运筹千里的从容和科学大家的睿智风度，让人心生敬意。

面对社会给予他战略科学家、教育家、外交家等多种“家”的评价，他坦诚地说，这么多“家”都不敢当，都改为“工作者”比较合适。

多种角色何以转换得如此精彩？“我认为中心的一条就是要立足祖国的需要，努力学习新工作岗位上所需要的知识，做好每一个岗位的工作，以报效祖国。”徐匡迪直言。

在北京科技大学（原北京钢铁工业学院）的学生心中，徐匡迪是一位可敬可亲的学长，更是他们努力的方向。在这所大学编著的《走近匡迪学长》一书的序言中写道：改革开放后，匡迪学长游学欧陆，面对祖国的呼唤，婉拒国外高薪，毅然回国，还多次写信给自己海外的学生，请他们回到祖国的怀抱。正因有此报国之志，徐匡迪在他所涉足的每一个领域都留下了一个新的高度。

从事科研，他向来不会浅尝辄止，必定要有所突破。作为我国喷射冶金技术最早的开拓者之一，徐匡迪围绕喷射冶金过程因钢液翻腾而增氮的问题进行了系统研究，其成果填补了该领域的理论空白，荣获国家“六五”攻关重大成果奖并广泛应用于工业实践。

由于在喷射冶金方面的杰出贡献，1982 年 3 月，徐匡迪应邀到英国帝国理工学院做短期合作研究和访问学者。同年4月，第二届国际喷射冶金学术会议在英国举办，徐匡迪出色的学术成果震动了国际学术论坛。近年来，通过徐匡迪及其团队的努力，中国的喷射冶金和炉外精炼方面的成就拥有了非常重要的国际影响力，一次又一次地令国外同行叹服。同时，他先后被英国皇家工程院、瑞典皇家工程院、美国工程院、俄罗斯工程科学院等国家工程院聘为外籍院士。

在科技界，徐匡迪被公认为是一位高瞻远瞩、海纳百川的战略科学家。无论是科学教育、工程应用，还是政治、经济等领域，徐匡迪总能注重一些发现基本规律的基础研究，同时也非常清晰地指明成果转化和产业化的方向。他立足国家发展大局，主持并参与了若干项国家重大科技发展战略研究，诸如《国家中长期规划战略研究专题Ⅲ：制造业发展科技问题研究》《装备制造业自主创新战略研究》《中国新型城镇化战略研究》《京津冀协同发展战略》等。

而在从事的多项工作中，徐匡迪对教育工作也是倾尽心血，他兢兢业业为学生传道、授业、解惑。多年来，在北京钢铁工业学院、上海机械学院、上海工业大学，乃至在担任上海市市长期间依然坚持带博士研究生，为全国冶金行业培养了一大批钢铁冶金的栋梁之材。

守护院士称号的声誉

由于他在研究领域取得了令人瞩目的成就，1995年，时任上海市市长的徐匡迪当选为中国工程院化工、冶金与材料工程学部院士，成为中国第一位拥有院士称号的市长。

他对自己提出了这样的要求，“要珍惜院士荣誉，保持这一称号的纯洁”。2002年，在担任中国工程院院长后，他也对中国工程院所有院士提出了这样的要求。

在我国，中国工程院是中国工程领域的最高荣誉性、咨询性学术机构，其主要工作是选院士和做工程科技战略咨询。“院士是中国工程院的基础，选好院士是做好工程科技战略咨询的前提。”徐匡迪在多个场合反复强调，“院士不但要保持专业上的高水平，还要成为科学道德的楷模。”

作为中国工程院第三任院长，徐匡迪主持了一件令全体院士及工作人员印象深刻的事——提高院士选拔的门槛和狠抓科学道德建设。在他的主持下，完善增选制度、规范增选程序、引入社会监督成为中国工程院院士增选的重点工作。

2005 年 12 月，随着中国工程院 2005 年新当选院士名单公布，中国工程院向新当选的院士发出了一封公开信，提出“院士不是万事通，应避免参加各种与自己专业无关的评审、鉴定、咨询等活动，特别是为商业性广告造势”，“院士只是一个荣誉称号，并不是一种职称和职务，不宜处处以院士称呼”。

这封公开信给学术界带来很大冲击。“公开致信就是想让院士们对自己有清醒认识，不要搞成‘社会活动家’。同时，借此机会增加社会对院士的了解和监督，这对促进良好的学术风气很有必要。”徐匡迪解释说。

此后，每逢两年一次新当选院士名单公布，这封《中国工程院致新当选院士的一封信》和《中国工程院向新当选院士所在部门和单位提出的建议》就会送达每位新当选院士及所在单位，动之以情、晓之以理地阐述院士道德建设的主要内容和重大意义，言辞恳切，对科技精英深切爱护、对国家高度负责的情感跃然纸上。

而这只是一个前奏，2007年，中国工程院又抬高了增选“门槛”——将投票通过的比例适度提高，从过去超过到会院士票数的1/2改为2/3方可当选。随之而来的，是社会对院士认可度的进一步提高。

举手投足真性情

熟悉徐匡迪的人都知道，他虽为工作殚精竭虑，在科研上对自己和团队非常严苛，不容一丝差错，但他却并不是刻板无情之人，举手投足真性情，也因此在科技界传下很多佳话。

早在孩童时期，徐匡迪的艺术禀赋就已经初现端倪，他擅长大提琴演奏，歌也唱得极好。1954年初，临近高中毕业的徐匡迪开始思考理想和志愿。

彼时，国家制定了过渡时期总路线，提出了“钢铁工业是一切工业基础的基础”。

无情未必真豪杰，他本就是性情中人，“钢铁报国”的理念很快点燃了徐匡迪的爱国之情，他毅然放弃了自己的音乐爱好，迈进了北京钢铁工业学院的大门，从此，与钢铁结下一生之缘。

北京科技大学在50年校庆时，邀请徐匡迪作为发言嘉宾出席。《走近匡迪学长》一书这样描述了当时的情景：徐匡迪稳步走上发言台，站定，目光环视全场，然后缓缓地向台下的校友和同学们鞠了一躬。正当人们准备凝神聆听徐匡迪的讲话时，却见他又侧过身子，面向主席台的恩师们：魏寿昆院士、柯俊院士、关毓龙老师……深深地，又鞠了一躬。顿时，台下掌声雷动。

这场景在北京科技大学广为流传。有人说，从这“两鞠躬”读出了一位学者的严谨风范；也有人说，他们看到了匡迪学长对母校的殷股情深和对师长的感恩之情。

面对一些在国外学有所成的年轻人，徐匡迪说，希望他们能够回国参与到祖国的建设中来，不然等到年老再回头看看，自己没有在祖国度过最辉煌的年代，这将是最大的遗憾。

“希望科技人员能够对科研有定力，耐得住寂寞，抵抗住诱惑，专注在自己的研究领域耕耘，硕果累累。”徐匡迪满怀期待地说，如此，到 2050 年的时候，我们的科技创新就能够在更多的领域并跑、领跑，成为全球瞩目的创新创业热土。

（本文转自《光明日报》2018 年 5 月 31 日）

大师印象

埋下爱的种子　育出栋梁之材

彭德倩

100 万元，是光华工程科技奖成就奖的全部奖金。不久前，中国工程院下属 9 个学部一致提名徐匡迪院士为该奖项候选人，最终结果众望所归。徐匡迪院士和他的夫人第一时间决定将所得奖金全数捐给久隆模范中学——在他担任上海市市长期间发起倡议，上海市教委和原闸北区人民政府共同投资兴建的一所公办区属重点免费中学。

一生最重一笔钱怎么用

“这笔奖金是我们这一生拿到的最重一笔钱，怎么用？”昨天在久隆模范中学的捐赠仪式上，徐匡迪院士说，“我们觉得，应该支持教育，因为中国发展需要的人才都是老师培养出来的，下决心支持久隆中学，因为孔夫子说过有教无类，教育是所有人成长成才的基础。”

“久隆是一棵树。学生是猗郁的树叶，汲取养分，向上生长。老师是坚强的树干，教授本领、给予知识。而徐匡迪爷爷，和许多人一起，埋下了爱心的种子，风里雨里呵护着这棵树的成长，”每天上学放学，高二（3）班的吴岑岑都会经过徐匡迪当年题写的校名，也从校史里记住了他当时说的话，“要让清贫家庭的子女同样有受教育的机会”。

从2001年学校创办至今，徐匡迪院士即使身在北京，工作繁忙，依然支持学校发展，并连续七年向学校捐赠院士津贴，并把自己和夫人在国外讲学的报酬、出书的稿费捐给学校基金，捐款总数达60余万元人民币。

“学校办得这么好，我非常感动，”徐匡迪说。近年来，久隆在“让每个学生都成为模范公民”的校训下，育人有成。2017年高考本科率100%，达到高水平大学综招线的学生超过52%。更值得一提的是，2018年5月最新数据统计，该校高中生5年间累计394人参加志愿者服务，累计服务41227.5学时，获得表彰24次。在全社会的关爱中成长，一代代学子点滴回报，爱是这校园里最美的传承。

以最高标准要求自己

举行捐赠仪式的大礼堂里，徐匡迪院士和他的夫人、上海大学教授许珞萍戴着鲜艳的红领巾，坐在第五排，坐在孩子们中间。

“前面几位领导的寄语，把我要说的都讲完了，”徐匡迪上台发言时，笑着说，“我希望同学们能记住在学校受到的教育，并将其作为未来人生前进的动力。”他还将在云南西山半山腰上看到的一副对联，送给学子们——置身须向极高处，举首还多在上人。

“希望大家未来无论是做医生也好，做工程师也好，在各个领域中，都能在可努力的范围内，以最高的标准要求自己，永不满足，永不停步，成长为国家建设需要的栋梁之材。”徐匡迪说，“我和许老师都80多岁了，争取活到‘第一个百年’，能看到中国全面建成小康社会，但没有决心和勇气活到‘第二个百年’了，那要2049年了。不过，我相信在座各位一定能成为‘第二个百年’的参与者和见证者，为中华民族伟大复兴而奋斗。”

（本文转自《解放日报》2018年6月26日）

大师印象

老市长为何将百万奖金捐给这所学校

彭德倩　俞陶然　高　渊

最近，上海市老市长徐匡迪很忙。

2018 年 5 月 30 日，中国工程院院士大会上，颁发了中国工程科技界最高奖项——光华工程科技奖。全国政协原副主席、中国工程院院士徐匡迪获得分量最重的第十二届光华工程科技奖成就奖。

徐老拿到这个奖项，可以说是众望所归，在此前的提名环节中，中国工程院下属 9 个学部一致提名徐匡迪为该奖项候选人。

在获奖后没多久，徐匡迪作出一个意料之外，又在情理之中的决定，把光华工程科技奖成就奖奖金全部捐出去，整整 100 万元！

徐匡迪院士和他的夫人第一时间决定将所得奖金全数捐给久隆模范中学。

这所学校与徐匡迪颇有渊源——久隆模范中学是徐匡迪在担任上海市市长期间发起倡议，上海市教委和原闸北区人民政府共同投资兴建的一所公办区属重点免费中学。

“这笔奖金是我们这一生拿到的最重一笔钱，怎么用？”25 日久隆模范中学的捐赠仪式上，徐匡迪院士说，“我们觉得，应该支持教育，因为中国发展需要的人才都是老师培养出来的，下决心支持久隆，因为孔夫子说过有教无类，教育是所有人成长成才的基础。”

这不是徐匡迪第一次给久隆捐款

“久隆是一棵树。学生是猗郁的树叶，汲取养分，向上生长。老师是坚强的树干，教授本领、给予知识。而徐匡迪爷爷，和许多人一起，埋下了爱心的种子，风里雨里呵护着这棵树的成长，”每天上学放学，高二 3 班的吴岑岑都会经过徐爷爷当年题写的校名，也从校史里记住了他当时说的话，“要让清贫家庭的子女同样有受教育的机会”。

从 2001 年学校创办至今，徐匡迪院士即使身在北京，工作繁忙，他们依然支持学校发展，并连续七年向学校捐赠院士津贴，并把自己和夫人在国外讲学的报酬、出书的稿费捐给学校基金，捐款总数达 60 余万元人民币。

徐匡迪对久隆模范中学的关心也是一刻不曾停止。2017 年 9 月 19 日，徐匡迪及夫人许珞萍特意给久隆模范中学全体师生写了一封贺信。

徐匡迪在信上写道：“久隆模范中学以培养‘素质全面、人格健全、基础扎实、乐于奉献’的模范学生为目标，积极探索，勇于创新。学校的努力方向是正确的，取得成绩是可喜的，积累经验是宝贵的。希望你们认真总结、戒骄戒躁，百尺竿头、更进一步，以更傲人的成绩回报祖国和人民的期望”。

“学校办得这么好，我非常感动，”徐匡迪说。近年来，久隆在“让每个学生都成为模范公民”的校训下，育人有成。2017 年高考本科率100%，达到高水平大学综招线的学生超过52%。更值得一提的是，2018年5月最新数据统计，该校高中生5年间累计394人参加志愿者服务，累计服务41227.5学时，获得表彰24次。在全社会的爱中成长，一代代学子点滴回报，爱是这校园里最美的传承。

“置身须向极高处”

举行捐赠仪式的大礼堂里，徐匡迪和夫人许珞萍戴着鲜艳的红领巾，坐在第五排，坐在孩子们中间。

“前面几位领导的寄语，把我要说的都讲完了，”徐匡迪上台发言时，笑着说，“我希望同学们能记住在学校受到的教育，并将其作为未来人生前进的动力。”他还将在云南西山半山腰上看到的一副对联，送给学子——置身须向极高处，举首还多在上人。

“希望大家未来无论是做医生也好，做工程师也好，在各个领域中，都能在可努力的范围内，以最高的标准要求自己，永不满足，永不停步，成长为国家建设需要的栋梁之材，”一番肺腑之言，“我和许老师都80多岁了，争取活到‘第一个百年’，能看到中国全面建成小康社会，但没有决心和勇气活到‘第二个百年’了，那要2049年了。不过，我相信在座各位一定能成为‘第二个百年’的参与者和见证者，为中华民族伟大复兴而奋斗。”

年逾八旬，徐匡迪一刻不停

虽然已年逾八旬，但徐匡迪仍在为国家发展出谋划策。作为京津冀协同发展专家咨询委员会组长，他正以先进的理念，研究雄安新区规划工作。作为上海市原市长，他坦言：“不够关心创业青年，是我们当时留下来的问题。现在一定要把更多创新创业者吸引到上海，发挥他们的才干。”

徐匡迪院士在谈到担任上海市市长的岁月时，徐匡迪表示最感到欣慰的就是“上海逐步变成了一个国际化的城市，也成为一个大家都向往去工作、去生活的地方。”

“那时候工人下岗、交通拥挤、住房困难、基础设施落后、国企没有竞争力，而等到我离开上海的时候，上海人已经开始为上海感到骄傲，说明上海城市的品质在发生变化，而不是说造了多少栋楼，这不是主要的。”

如今，上海正在建设张江综合性国家科学中心，而张江的第一个大科学设施——上海同步辐射光源，就是徐匡迪任市长时决定建造的。这个项目从提出到获批延续多年，最大的一个争议是：这个投资十多亿元的装置有没有足够多的用户？后来的事实证明，徐匡迪等人的判断是正确的，上海光源各条线站运行后，很快“供不应求”。目前，上海光源二期工程正在建设中。

徐匡迪还是一位高瞻远瞩的战略科学家。

任中国工程院院长期间，他十分重视决策咨询工作，领导团队完成了先进制造业、中国城镇化、京津冀协同发展等方面的咨询项目。在《中国新型城镇化战略研究》中，中国工程院提出了“以人为本的城镇化”理念，得到中央领导的高度认同。这份报告作为2015年全国城镇化工作会议的参阅材料，发至各省部级领导。

2015年，习近平总书记提出京津冀协同发展的宏伟战略目标。徐匡迪出任京津冀协同发展专家咨询委员会组长，带领团队研究京津冀三地的功能定位、发展目标等问题，并论证在河北建立雄安新区的可行性。为了国家的“千年大计”，这位战略科学家组织国内外专家，对雄安新区的总体规划进行了数十次论证。如今，这一新区的建设正在稳步推进。

（本文转自“上观新闻”，标题有修改）

市校科研雙互補領軍鋼鐵執旗幟改革匡扶
發展促攜眾築攀飛技創同提速後俊精培加
力度啟迪浩氣青春路奮鬥人生踏起步休踌
躇置身須向極高處

[illegible]致鋼鐵冶金專家徐匡迪 [illegible]

置身須向極高處

致敬鋼鐵冶金專家我國噴射冶金技術的開拓者徐匡迪院士 乙亥夏 [illegible]

SPECIAL NOTE
特别说明

1．本书所有成就奖获得者简介均来源于中国工程院官网。

2．本书所有成就奖获得者照片，除“张光斗与朱光亚亲切交谈”和“徐匡迪院士和上海久隆模范中学毕业生一起”两幅外，其余均由摄影家侯艺兵提供。

3．“张光斗与朱光亚亲切交谈”和“徐匡迪院士和上海久隆模范中学毕业生一起”两幅照片由中国工程院王元晶提供。

4．本书所有成就奖获得者自述，除朱光亚院士自述一文外，其余均选自《中国工程院院士自述》一书，文章标题均由编者自加。

5．朱光亚院士自述选自《请历史记住他们——中国科学家与“两弹一星”》一书，内容有删减。

6．本书所有成就奖获得者题字均选自《中国工程院院士画报》。

7．本书中所有“大师印象”文章，均选自获奖者获奖后以及重大事件前后主流媒体的公开报道，部分标题略有改动，敬请作者与光华奖办公室联系。

8．本书中所有诗词、书法，均由著名书法家张飙创作并书写。

9．光华奖标识由西安建筑科技大学提供，敬请设计者与光华奖办公室联系。